古代廉洁制度典故

中国古代廉洁史话（全三册）

《廉政瞭望》编著

四川人民出版社

图书在版编目（CIP）数据

中国古代廉洁史话：全二册 /《廉政瞭望》编著 .
— 成都：四川人民出版社，2023.2
ISBN 978-7-220-13115-8

Ⅰ . ①中…　Ⅱ . ①廉…　Ⅲ . ①廉政建设—历史—中国
—古代　Ⅳ . ① D691.49

中国国家版本馆 CIP 数据核字（2023）第 020656 号

ZHONGGUO GUDAI LIANJIE SHIHUA（QUAN ER CE）

中国古代廉洁史话（全二册）

古代廉洁制度典故

《廉政瞭望》编著

责任编辑	谢　寒　邓泽玲
封面设计	张迪茗
版式设计	戴雨虹
责任校对	林　泉
责任印制	李　剑
出版发行	四川人民出版社（成都三色路238号）
网　　址	http://www.scpph.com
E-mail	scrmcbs@sina.com
新浪微博	@四川人民出版社
微信公众号	四川人民出版社
发行部业务电话	（028）86361653　86361656
防盗版举报电话	（028）86361653
照　　排	成都木之雨文化传播有限公司
印　　刷	成都蜀通印务有限责任公司
成品尺寸	170mm × 240mm
印　　张	15
字　　数	180 千字
版　　次	2023 年 3 月第 1 版
印　　次	2023 年 3 月第 1 次印刷
书　　号	ISBN 978-7-220-13115-8
定　　价	98.00元（全二册）

《中国古代廉洁史话（全二册）》编委会

主　编　胡桂林

副主编　孟　盛　舒　炜　曾　晖

编　辑　刘　兰　夏　芯　曾　勋

邓苗苗　许　然　曾那迦

杨智淋　李浩瑄　刘成婧

| 序言 |

向历史汲取廉政建设智慧

面对世风繁杂的大千世界，人们渴望干部清正、政府清廉、政治清明、社会清爽、世界清和，清则心境高雅，清则正气充盈，清则百毒不侵，清则万众归心。中华民族优秀传统文化十分注重河清海晏、物阜民熙的社会建构，强调风清气正、两袖清风的个体修为，力图以健康有序、道德自律、公平和合、法治良序来整体推进经济社会不断发展。

随着社会物质财富的不断积累、社会分工的日益细化，一部分掌握社会资源和权力的官员就动了掠夺和贪吞人民财富的心思，滋生腐败，侵蚀社会机体，甚至动摇和瓦解国家基石，蚕食和破坏民族精神。在古人看来，廉是为官之本、“为政之要”。（陈录《省心杂言》）“廉者，政之本也。”（《晏子春秋·杂下》）宋代包拯在《乞不用赃吏疏》一文中指出：“廉者，民之表也；贪者，民之贼也。”廉洁奉公的，是百姓的表率；贪赃枉法的，是坑害百姓的强盗。“克俭节用，实弘道之源；崇侈恣情，乃败德之本。”（吴兢《贞观政要·卷四》）所谓廉政，就是从政不苟得，不妄取，不受不义之财。清代作家石成金在《传家宝》中说："惟公则生明，惟廉则生威。""士不识廉，衣冠狗彘。"历代关于修身廉洁、廉政为民的论述浩如烟海，举不胜举。如今，翻阅由《廉政瞭望》杂志编著的《古代廉洁制度典故》《古代清官廉吏故事》书稿，倍感亲切。

《廉政瞭望》创刊于1989年，是中国知名的以反腐倡廉为主要刊载内容的大型时政类半月刊。《廉政瞭望》杂志社作为专业的廉洁文化传播机构，几十年来致力于古代廉洁文化的挖掘和传播，取得了斐然的成绩。这套丛书，正是杂志社对以往成果的总结，其中的文字不仅具有可读性、知识性，而且对当下如火如荼的廉洁文化建设亦有重要的借鉴意义。

《古代清官廉吏故事》的榜样价值。该书撷选了《廉政瞭望》三十余年来在"历史"栏目发表的文章，呈现的是古代清官"为士居官，清节凛凛"的清风、清气，表现的是他们"水以清冽而寒为美"的品质、品位，彰显他们"洁己而有德威者"的廉洁。中国是世界上最早建立官僚机构的国家之一，司马迁的《史记》就有对官僚的类型化评价，他认为好官的标准是：行教、清廉、守法。在崇尚法家政治的战国、秦及汉初，守法是最主要的好官标准。到了"独尊儒术"时期，推行教化又成为好官的标准。从三国末年开始，根据司马懿的思想，清、慎、勤成为正式的为官标准，清官也就逐渐成为好官的代名词。从北宋名相王安石到"纤夫县令"何易于，从蜀帅余玠到铁面御史李漱芳，不管是文臣武将、中央要员还是地方官员，不管他们的官阶高低，从事什么工作，他们都拥有为国为民、清廉自律的品质。

本书既收有家喻户晓、名垂千古的王安石、海瑞、寇准、刘光第等人的故事，也讲述鲜为人知的廉洁奉公楷模如陈希亮、何易于、李勉等人，在不同朝代、不同地区，他们用自己的铮铮铁骨换得政通人和、万民仰慕。如“纤夫县令”何易于，面对上司利州刺史崔朴的不合理要求，为了维护百姓春耕时期劳作需要，宁愿放下读书人与县令的面子，做起纤夫。一代楷书大家颜真卿，75 岁高龄时前去劝降安禄山、史思明的叛军，面对尖刀、谩骂和恐吓不曾屈服，唐德宗称赞其“拘胁累岁，死而不挠，可赠司徒”。

本书全方位展现了几千年来对朝政、地方和百姓产生深远影响且有口皆碑的官员形象，用故事的形式呈现他们的过往。人们把他们的清廉视作为官的操守、修养和人格，他们守身如玉、耿介清正，他们的人与事千古传为美谈，至今仍值得借鉴、学习。

《古代廉洁制度典故》的借鉴意义。该书撷选了《廉政瞭望》三十余年来在“观点”“历史”等栏目发表的关于古代贪腐案例和廉政治理的文章。历史不止一面，有清官，必定有贪官；人性也不止一面，有清廉，必定也有贪欲。本书囊括了《明朝的监察干部为何集体堕落》《晚清震动高层的钱权色交易案》《大贪官和珅之死》等篇目，展现了封建社会贪腐官员从贪欲横行到遭遇灭顶之灾的全过程。贪腐问题是古代不少王朝由盛转衰的根本原因，这是制度使然。封建制度虽然表面看起来严刑峻法，可到了操作层面就处处留有漏洞和余地。因此，本书亦从制度层面寻找原因，比如《贿赂的进化与嬗变》《焚书坑儒中的权力、权威及权术》《牧羊人也会偷羊：古代避籍制度为何总失灵?》等文章，从各个领域、不同角度，分析古代治理贪腐等方面取得的成绩和存在的局限。《丁谓：从能吏到“五鬼”》的故事，告诉我们宋朝倡议高薪养廉，但是导致官员冗杂，间接助推奢侈之风，使得国力由强转弱，逐渐丧失民心。这些故事无一不告诉我们，反腐倡廉工作不仅需要法治与德治相互联系、相互促进，更要把廉政教育建设作为反腐倡廉的重要内容与关键途径去狠抓落实。《贿赂的进化与嬗变》论述了清末官场陋规，对于惩治腐败的工作方法具有参考意义。《明朝“粮长”是怎么成为瘟神岗位的?》一文告诉我们：一个工作系统如果不加以监督规训的话，即使当时是良政，最后也会因人因事变成恶政。《监督单靠一个“杠”字是不行的》则提醒我们，反腐倡廉监督是讲究工作方法的，不能单纯为了反对而反对，而是需要提出具体可行的方式方法。

厘清古代治理方式与制度的成就与局限，对今天的法治建设与廉政建设，仍不乏学习、借鉴意义。

习近平总书记2015年9月11日在十八届中央政治局第二十六次集体学习时讲了一个典故：“唐德宗时期有一个宰相叫陆贽，他严于律己，任何礼物一概拒绝。德宗皇帝劝他说，爱卿太过清廉了，别人送什么都不收也不好，像马鞭、靴子之类的，收下也没什么关系。陆贽回答说，一旦开了受贿这个口子，必定胃口越来越大。”陆贽是唐德宗时期的宰相，他秉性贞刚，严于律己，自许“上不负天子，下不负所学”。为相期间，陆贽一直保持着清正廉洁的作风，跟下属和同僚交往的时候，坚决拒绝他们的馈赠。唐德宗专门给陆贽带话，告诉他清廉太过、拒绝他人馈赠的话，恐怕事情就办不成了。面对唐德宗的劝说，陆贽并没有“奉旨”受贿，而是在一份奏章里写道：“贿道一开，展转滋甚。”除了对自己严格要求，陆贽还多次向唐德宗上各种奏章，劝谏唐德宗成为一代名君。“贪如火，不遏则燎原；欲如水，不遏则滔天。”习近平总书记讲述陆贽的故事，意欲告诫广大党员干部要慎微慎独，时刻绷紧严于律己这根弦，明大德、守公德、严私德，清清白白做人、干干净净做事、坦坦荡荡为官，做到克己奉公、以俭修身，永葆清正廉洁的政治本色。

宋代包拯在《书端州郡斋壁》写道：“清心为治本，直道是身谋。秀干终成栋，精钢不作钩。仓充鼠雀喜，草尽兔狐愁。史册有遗训，毋贻来者羞。”《古代清官廉吏故事》《古代廉洁制度典故》通过历代清政廉洁故事和案例分析，注重学史明理、学史增信、学史崇德、学史力行，向历史汲取廉洁修为、廉政为民、反腐治贪、依法治国的政治智慧、治理智慧、人生智慧和健康有序的社会发展智慧。而这种智慧不是通过高谈阔论、云里雾罩、抽象说教，让人听不懂看不明白，而是在大量鲜活、真实、有趣的案例故事中娓娓道来，以事寓理、以案说法、以镜照人、以史为诫，把中华五千年积累的正反历史经验和贯穿始终的清廉清正清明清政追求，比较集中地呈现在读者面前，让我们读之有所悟、有所思、有所醒，不仅力戒贪婪、拒腐蚀永不沾、质本洁来还洁去，更应为了国家清朗洁净的天空，以猛药去疴、重典治乱的决心，以刮骨疗毒、壮士断腕的勇气，坚决把党风廉政建设和反腐败斗争进行到底，树立正确的权力观、地位观、利益观，激浊扬清，扬帆远行，一路高歌。

李明泉

2022 年 11 月 15 日

目录
Contents

古代廉政治理案例集

古代贪腐案例集

古代廉政治理案例集

中国古代监察制度二三例

王春瑜

中国的监察制度因何起源？在历史上起过什么重要作用？权力牵制在古代为何常常失效？登闻鼓、华表是做什么用的？

登闻鼓、华表：监察是为监督权力而产生的

史学大师顾颉刚认为明堂就是原始部落酋长开会的一个会议厅，在里面可以议事。如果哪一个酋长做了损公利已的事，就可以对他提出批评。到后来，在这个明堂里放一个鼓，叫登闻鼓。古代还是原始的民主，对哪一个酋长有意见，认为哪一件事情处理得不公，都可以到明堂里面去击鼓，请大家来进行评议。登闻鼓发展到后来，成了县衙门口的一个大鼓，从秦汉到明清，登闻鼓一直被放在县衙门口。

除了登闻鼓以外，更值得我们回味的是华表。华表由来已久，古代称其为诽木、谤木。在众人议事的地方竖一块木头，木头上面放一块横板，形成一个“午”字形，所以又称为午木。横板上有时候会装饰一点图案，看上去像一朵花，古代“花”跟“华”两个字是相通的，所以演变到后来，就成了“华表”。在华表的横板上面是可以写

字的，如可写下对某人的建议或对国家治理的看法等，但实际上它最早是起监察作用的。直到秦汉时期，华表被从议事的地方搬到宫廷里，它的监督作用随之消失。宋代以后，华表又被从宫廷里搬到宫廷外，一直沿袭到现在。

秦朝时，建立的监察制度，既能监察百官，又能监督皇帝。战国时，规定要对高官，包括对相国的权力进行监督。相国如果纳贿受贿，他的手下人要被判处死刑。相国严重贪污，不处死刑，而是别人代过，反映出古代根深蒂固的政治观念，“礼不下庶人，刑不上大夫”。战国时的《法经》已经被深刻打上了“打苍蝇，不打老虎”的政治烙印，这对后代有很深远的影响。严格来讲，中国古代的监察制度跟权力牵制直到秦始皇统一中国以后才比较健全。秦朝从中央到地方建立起了监察网，这对抑制官吏腐败起了作用。中国古代监察制度就是台谏制度。“台”就是御史台，“谏”就是谏官，御史即是监察百官的。地方县令既是地方行政首脑，同时又行使监察之职。所以，从秦朝来看，监察权和行政权还是纠缠在一起的，监察没有从行政系统中独立出来。

我国古代监察制度在汉代基本定型。汉承秦制，御史制度得到加强。御史在汉代最高可以做到副丞相，可以代皇帝起草诏书、命令等，地位相当特殊。从汉代监察制度中较好的经验来看，主要是建立了刺史制度。刺史跟一般的御史不一样，他别无他事，只做监察官，虽官俸比较少，只有 600 石，但是他可以对薪俸 2000 石的郡守进行弹劾。

中国历史上以小制大、以内制外，是皇权制度下进行监察工作的重要原则。有人曾经系统地研究过，从秦汉到明清，御史一职基本上没有超过七品。但是有很多御史都会越权行使监察之职，不只监督郡官，而且监督六部，有少数御史甚至对皇帝进谏，这一情况始于汉代。

封驳制度：连皇帝的圣旨都可以驳回或者涂改

在魏晋南北朝时期，形成了三省制。三省制是将国家政务机构分成三个部门，一个是中书省，一个是门下省，一个是尚书省，“中书主出命，门下主封驳，尚书主奉行”。这里值得一提的就是封驳制度，这在世界监察史上都是很特别的。皇帝下诏书，门下省如果认为此诏不妥，可以把它封驳，也就是把皇帝下的命令挡回去，所以门下省的职能很重要。唐朝的封驳最有成效，在李世民、武则天执政时，尤为成功。封驳不仅可以封诏书，甚至可以涂改诏书，在诏书上批示。唐宣宗初年李藩担任给事中，发现诏书有不妥处，即于诏书末端批上意见退还。这是唐朝社会开放、包容的时代特点的产物。到了封建社会后期，封驳制度存在的象征意义大于实际意义。

唐宣宗时有个大将军叫李燧，唐宣宗认为此人很好，德才兼备，欲任命他为岭南节度使。当时皇帝的诏书已经发下去了，给事中萧放说这个诏书不能下达，李燧有很多问题，任命他到岭南去担当重任，绝对是不合适的，并列举种种理由。皇帝听进了萧放的话，觉得这个任命确实不妥，立即命人快马加鞭去把诏书追回。类似这样的例子，在中国历史上还有不少，这就是封驳。

谏官之职：讽议左右，以匡君失

谏官也称为言官，职责是“讽议左右，以匡君失”，主要是对皇帝进行讽议。秦朝开始有谏大夫，东汉时称为谏议大夫。唐代的谏官制度最为完备，因此出现了多位著名谏官。如魏徵的许多好的建议，比如减轻农民负担、减少征伐等，李世民都予以采纳。魏徵死后，少有人进谏，唐太宗又执意攻打高丽。结果损失很大，造成国家财政遭遇严重危机，不得已只好退兵。之后，唐太宗很感叹，说魏徵要是在世，便会劝阻他做这样的事。

中国历史上唯一的正统女皇帝武则天也是善纳谏之人。别说一些政治上的进谏，一些御史、大臣对她进谏的内容甚至涉及她的隐私，她都没有动怒。众所周知，武则天有几个面首，如薛怀义、张昌宗、张易之等。臣子们多不能容忍此事，于是不断向她进谏。当时有一宰相，进宫门时碰到薛怀义，上去就给了他两耳光。薛怀义马上去向武则天告状。武则天不但没有责罚宰相，而且对薛怀义说："你以后别走南门，你走东门就碰不上他了，不就没有这种事了吗？"大臣朱敬则上书，劝诫武则天不要再宠幸面首。武则天不但没有怪罪他，还说"非卿闻此言"，意即，如果不是你别人谁也不会说这个话，还赐给他绸缎百匹作奖励。

宋代著名清官包拯先后做过御史、枢密副使等官，常常进谏。宋仁宗曾有一项任命，包拯认为不妥，反复进谏，甚至因离皇帝过近而喷了宋仁宗一脸的唾沫星。宋仁宗不但没有发脾气，而且接纳了他的意见，收回成命。

总体来讲，中国古代的谏官对皇帝的监督作用是有限的。道理很简单，因为在封建王朝，皇权是至高无上的。所以，中国古代的监察制度只能叫权力牵制，而不是叫权力分制或权力制衡。皇权是不能分割的，没有政治分工，皇权就无从制衡。

古代公款吃喝为何难治理？

陈忠海

公款大吃大喝是一种过度的职务消费，历朝历代为抵制这种现象虽作出过许多规定，但总体效果却并不理想。

从“送故主簿”到“烧尾宴”

汉代以前，官员们私下聚餐还不太频繁。自周朝开始，朝廷每年在元旦举办大朝会，称“正旦宴”，在冬至、寒食、重阳等重要节日以及皇帝登基、过生日等也举办宴会，但那时的宴会只有少数高级别官员有资格参加。

汉代以后官员之间的迎来送往开始多起来，《汉书》记载“吏或居官数月而退，送故迎新，交错道路”。《后汉书》还记载，官员任免交接十分频繁，不断“迎新送旧”，结果造成“官寺空旷，无人案事”。

这种风气到南北朝时甚至成为“制度化”，按照当时官场的潜规则，官员上任或离任，相关属地都要送礼，其中离任官员原任职地每年要派人去送礼，时限一般为 3 年。为此，有些州郡干脆设了个“送故主簿”的职务专门负责这件事，“饷馈皆百姓出”。

唐朝又吃出了新花样，那时官员升迁一般要摆“烧尾宴”，其名称的来历各有说法：一种说法称人的地位骤然发生变化，就像猛虎变成了人，但尾巴尚在，故将其烧掉；另一种说法是新羊初入羊群，会受其他羊的干扰，烧新羊的尾巴才会使羊群安稳；还有一种说法是鲤鱼跃龙门后，必须用火把尾巴烧掉，鲤鱼才能变成龙。

“烧尾宴”通常都很奢华，参加这种宴会的多是官场同僚，费用也都由公款支出。唐人韦巨源举办过“烧尾宴”，宴会的菜单被保存了下来，菜品包括冷盘、热炒、烧烤、汤羹、甜品以及面点等共计58道。

变味的“工作餐”

唐朝以前，官员没有工作餐。唐太宗李世民“克定天下，方勤于治”，规定官员上朝的时间不仅更早，而且朝会还经常延时，为照顾百官，就命人在宫殿外面的走廊里“聊备薄菲”，这算是古代工作餐的由来。

到宋朝这项制度被固定下来，不仅朝臣可以享用这样的餐食，各衙署的一般官员也可以享用，形式上延续了唐朝的做法，称“廊餐”。《宋会要》记载，参加朝会的官员廊餐地点在左右勤政门北的东西廊下，就餐时文武官员分开，文官在东廊，武官在西廊。元朝和明朝也都实行了类似制度，明朝官员就餐的地方一般在奉天门或武英殿。

清朝时，有很多官衙干脆办起了“机关食堂”。清人欧阳兆熊在《水窗春呓》中记述了各地河务机构开办的食堂：“其肴馔则客至自辰至夜半不罢不止，小碗可至百数十者。厨中煤炉数十具，一人专司一肴，目不旁及。”可以看出，其就餐场面十分盛大。

这种工作餐本意是方便官员履职，但后来却变了味。在宋朝，制度规定官员每个月还可以用公款聚餐一次。费用从公使钱中支出，称“旬设”，范仲淹曾对这种聚餐方式作过解释，认为“士大夫出入及使命往还，有行役之劳”，所以要特别加以“宴劳”。宋朝还规定，“凡点检或商议公事、出郊劝农等，皆准公筵”，等于从制度上给公款吃喝开了绿灯。

工作餐变成公款聚餐，经常还是自己人互请，说明宋朝官员大吃大喝的情况比较严重。北宋尹洙《分析公使钱状》里记载了庆历三年（1043）地处西北的渭州财政支出情况，其中每个月就有5次公款吃喝的记载。苏轼先后两次在杭州任职，其中一项重要工作就是迎来送往，他对此很不习惯。朱彧在《萍洲可谈》中说苏轼“疲于应接，乃号杭倅为酒食地狱”。

“程仪”和“折席”

明朝虽一度吏治很严，但大吃大喝的情况也很普遍。文学家袁宏道曾任吴县知县，上任才几个月就感到不适，他在给朋友的信中说“上官如云，过客如雨”，几乎每天都疲于应酬，所以连呼“苦哉，苦哉”。

这种情况到了清朝越发严重。《道咸宦海见闻录》的作者张集馨曾任陕西督粮道，西安当时称“孔道”，凡去西藏、新疆以及四川都要从这里过，“遇有过客，皆系粮道承办”。根据招待对象不同，酒席的规模和档次也不同，“上席五桌、中席十四桌”，“上席必燕窝烧烤，中席亦鱼翅海参”，无论上席还是中席“每次皆戏两班”。

西安是内陆城市，那时候海鲜、活鱼还比较少见，大鱼每尾要花费四五千文，也就是四五两银子，其他如白鳝、鹿尾等在宴席上也都不能少，张氏记述“每次宴会，连戏价、备赏、酒席杂支，总在二百余金，程仪在外”，张氏感叹“几于无日不花天酒地”，算下来接待费“每年总在五万金上下”。

有一次，闽浙总督颜伯焘在鸦片战争时的厦门海战中因大败而被革职，回原籍时路过漳城，张集馨那时已调任福建汀漳龙道台，负责接待。《道咸宦海见闻录》记载颜伯焘一行竟然有家眷、兵役、随从等3000多人，宴请、唱戏再加上“程仪”，一个被革职的官员过境就花了地方一万两招待费。

上面所说的“程仪”是另一项陋规，京官出巡到地方，所过之处除殷勤招待外还要馈赠数量不菲的礼品和礼金，其中一部分相当于“车马费”，如果因为各种原因没有设宴招待，要把宴席的费用折成钱奉上，称“折席”。除此之外还有一部分是送给官员仆从的，称“跟随”。

“熟人社会”里的顽疾

对公款大吃大喝这种事历朝历代其实也都进行过治理。汉景帝时出现了连年歉收的情况，但官员公款吃喝依然很厉害。于是汉景帝下诏，对接受公款宴请的官员一律就地免职。汉宣帝时有官员“出差”期间招待费过高，奢侈浪费，朝廷曾下诏进行过严厉批评。

宋朝一方面吃喝风盛行，另一方面关于严禁吃喝风的法令也最多。宋朝颁布的《庆元条法事类》对公款招待曾进行了细致规定，其中一条是官员需凭券食方可用廊餐，类似用就餐券，对用餐标准也有具体规定，超标的要受到追究。

宋朝一度兴起歌伎陪宴的时尚，朝廷专门下诏禁止这种风气蔓延。宋代文学家苏舜钦曾任职于要害部门进奏院，他的岳父是宰相，有一次苏舜钦把公家的废纸卖了，用这个钱买酒设宴，还招歌伎助兴，结果被人告发，岳父也没法保他，他遂被免职出京。朱元璋治吏一向很严厉，他的“铁腕反腐”在历史上都很出名，他要求官员不得大吃大喝，据说“四菜一汤”的规定就是从他那里来的。

但是，只有文字上的规定其实是没用的，制度靠人去执行，执行制度的人本身也是官场的一分子，如果制度事关其自身利益，执行效力就会因此打折扣。所以，尽管最高决策者无不希望下面有一支清廉、高效的官员队伍，也希望通过制度约束让官员保持克制，但这种约束往往因为执行力不足而变得苍白，抓得严了好一些，稍微一放松就立即反弹。

上行下效也是制度执行不力的一个重要原因。以慈禧太后为例，她以生活奢侈著称，一顿饭就有几十上百道菜，穿的、用的、屋里摆的无不讲究奢华，还经常大摆宴席、随意赏赐臣下，又挪用朝廷其他预算为自己修建园林、搞生日庆典。上面带头大吃大喝、铺张浪费，下面的各级官员自然有恃无恐。

清人汪辉祖认为，“凡有陋规之处，必多应酬”。这句话道出了公款吃喝的真相。中国古代多是“熟人社会”，人与人不是通过制度、规则而是通过私人关系发生联系，人情大于法治、大于制度，“有人好办事”“只要有人没有办不成的事”等观念自古盛行，形成了许多陋规。人们宁愿在维系各种关系上花费更多的精力和资源，也不愿意认真学习和遵守规则。

大吃大喝无论多奢侈、多离谱，花的钱都不是官员自己的，有人打着为地方、为小集体谋利益的幌子，其实是在为个人编织关系网，花了公家的钱，好处却落到了个人头上。这样一来，官员当然都会把吃吃喝喝和迎来送往看得比什么都重要了。

古代统治者怎么盯住群臣？

张　鸣

古代监察体系跟其他官僚体系一样，存在一个工作效益递减的规律。在最初的时候，给皇帝卖命干得不错，然后就慢慢转为给自己干；干到最后，大家都为自己捞油水，只有几个“傻子”才为皇帝干事，还要受到群体的排挤。

历朝历代君主最担忧的事情，一是怕官员们叛离，二是担心自己的资源被他们据为己有。所以，官僚制的设计，肯定要有一种对官员的监督的机制。而西周的制度中，原有现成的史官就派上了用场，这是从巫演化出来的一种特别的官职，跟各级封君一样，都是世袭的，但世袭的是职位，不是采邑（封建社会君主赏赐给亲信、贵族、臣属的土地，包括土地上的农民）。

原来的史官，负责保存档案和资料，收集民间诗歌，记录封国的大事。所形成的文字，就是各国的“春秋”。跟在国君身边的史官，又被称为御史。在战国中期以前，御史就是记录国君事迹的。比如秦赵渑池之会上，赵王为秦王鼓瑟，秦国御史马上给记录下来；而蔺相如逼秦王为赵王敲了一下缶，赵国御史也马上为之记录下来。

这样的御史，在当初也有规劝进谏国君的职责。但是由于人在君王身边，一般非君王亲信不能为。所以，到后来，就演变成为国君监视群臣的一种专职人员。秦统一之后，丞相、太尉和御史大夫三足鼎立。其中御史大夫麾下，各郡的监御史，其职责就是为皇帝看住地方官。

西汉之后，御史大夫的衙门，逐步演化为御史台，由御史中丞负责。既监督朝官，也监督地方官。此后监察机构虽有各种的变化，但基本上就是这样一种格局。

监察系统直接隶属于皇帝，只对皇帝负责。在行使职责的时候，可以闻风弹奏，不用先查出真凭实据。而且，御史们每年都有工作量，不能尸位素餐。无论多大的官员，只要被御史弹劾了，都得先行辞职待查。

一般来说，只有特别得到皇帝恩宠之人，才可能全身而退。历代的御史，头上戴的帽子，被称为獬豸冠。獬豸是一种传说中的怪兽，忠贞不渝、明辨是非、铁面无私。因此，獬豸成为御史职业操守的象征。无疑，有这样的御史存在，对于官僚阶层，都是一种威慑。

然而，作为替皇帝看住群臣的官员，自己也是人，也属于官员。在士大夫群体形成之后，也属于这个阶层之人。虽说监察体系独立运行，行使职责不受百官干涉，但是做御史的官员是可以转任其他职位的。也就是说，他们跟其他系统也会有交集，也难以完全摆脱士大夫阶层之间的人际网络和人际关系。

皇帝要求御史铁面无私、忠心为国。但是，一些御史在实际工作中则会打折扣。一来皇帝不会真的忠奸分明，一秉大公，弹劾到自己的宠臣头上，常有弹劾者碰了一鼻子的灰，弄不好还丢了性命的情况。二来御史也有私情，也有自己的亲族，很难做到不管不顾。

皇帝赋予监察体系的好处，一是荣誉性的，官小，但权威大，让人感觉神气。二是升迁快，干好了就可以晋升其他职位。但是，这些都比不上现得利益的诱惑。只要被监督的对象肯把自己的一部分好处吐出来，与监察官员分享，多有御史扛不住诱惑。

到了这种时候，所谓的监察权就变成了分肥权。我能监督你，就意味着我有资格分享你的职位的好处，你把好处分给我，大家一片祥和，只蒙皇帝一个。皇帝看住群臣的制度设计，就成了一纸空谈。

古代政治家退亦有道

尹清源

在金钱、权力、美色面前，主动退让，要完全达到退一步海阔天空的境界，必须具备退让的智慧，把握得好、拿捏得准，方能趋利避害、转危为安，否则，将进退失据、陷入困境。其中的道行究竟有多深？在中国历史长河里可以窥得一点深浅。

退在盛极之时

春秋末期，越王勾践败于吴国之后，经过卧薪尝胆、休养生息，最终重整旗鼓、灭吴雪耻。作为肱股之臣的范蠡，自然也是功成名就，被尊为上将军。风雨同舟易，盛世联袂难。难得的是，范蠡头脑十分清醒，知道“大名之下，难以久居”，更凭着他对勾践为人的了解，深知“可与同患，难与处安”。于是后来，他悄悄乘一条小船离去，到齐国改姓更名、经商致富，后来成为财富的代名词“陶朱公”。

与范蠡同时辅佐勾践并立下赫赫战功的文种，尽管后来也曾主动引退以避祸，但因为退得太晚，还是难逃杀身之祸。《史记》记载，范蠡到齐国以后给文种去信，提醒他："飞鸟尽，良弓藏；狡兔死，走狗烹。越王为人长颈鸟喙，可与共患难，不可与共乐。子何不去?"文种收到信后就称病不上朝了，但为时已晚，最终还是被越王赐剑自杀。

退离易攻之处

北宋著名的政治家、文学家范仲淹，触犯过龙颜、惹怒过皇亲、得罪过权臣，屡经磨难、数度被贬，但从未被置于死地，病逝后还被谥为"文正"。关于其中的奥秘，他曾在家书中这样总结："老夫平生屡经风波，惟能忍穷，故得免祸。"能忍穷，不贪恋奢华生活，不贪受非分之财，就能少去很多事端。更为重要的是，能忍穷，更是一种坚强的意志，给人加上一道防护屏障，使之远离陷阱、安全无虞。范仲淹中第之前在书院读书时，由于家境贫寒，一年到头只吃粥和咸菜，一位同窗给他送了一些好吃的东西，他一口都没动，直到好东西发霉。同窗就问他为什么不吃，他的回答很出人意料，他说自己已经过惯了喝粥吃咸菜的生活，一旦享受了美味佳肴，恐怕以后就吃不了苦了。晚年有人要给他建造府第园林，他婉言拒绝："吾所患在位高而难退，不患退而无居也。"

退出慑人之器

宋太祖赵匡胤曾透露过自己的一句心里话："卧榻之侧，岂容他人鼾睡。"占据了别人不容侵扰的禁地，让别人感到恐惧不安，自己同时也就面临着危险和不安，犹如站在了随时可能爆发、足以将人吞噬的火山口上。

萧何是初汉三杰之一，被封为第一功臣，居于相国之位，享有佩剑上朝的特殊待遇。树大容易招风，臣子的地位高了、声望大了，总是帝王难以放下的心病。公元前 196 年，淮南王黥布造反，刘邦亲率大军前去平叛。萧何留朝主政。但刘邦总是不放心，多次派人打探他在朝干了什么。有人就向萧何发出预警信号，说他位居相位，功不可加，又善治民事、深得民心，皇上多次让人过来询问，就是担心他发动政变。为避免祸患，来人建议萧何采取强行贱买的方式多多购置田地，故意糟蹋自己的名声。心知肚明的萧何言听计从，刘邦得知之后果然很高兴。

清末中兴名臣曾国藩，也是熟谙进退的明白人。由他亲自创建并统率的湘军在镇压太平军之后，其根系遍布江南，把持半壁江山。就在这个节骨眼上，为了不引起清廷的猜忌，避免祸端，他主动请旨裁撤湘军，自剪羽翼，朝廷当然是喜得其成、暗自庆幸，除了江山天下，给他再大的封赏都不在乎。

焚书坑儒中的权力、权威及权术

尹清源

中国文字就是有意思，有的字词虽然写在纸上、不动声色，但却具有很强的渗透力和扩散力，或形声会意，或玄机暗藏。像焚书坑儒，一目了然便知其中定有烈火的无情和杀戮的血腥。历史告诉世人，从焚书到坑儒，就是一次接一次血与火的争斗，是保守势力与新兴势力、集权制与分封制、“百家争鸣”与“罢黜百家”之间展开的博弈。

以史为鉴的两种不同结论

历史是一面镜子。就像秦朝的历史被后人视作镜子一样，从历史中走过来的秦始皇和他的臣民，也会把前人的历史作为镜子。但在面对历史时，不同的人得出的结论并不一样，由此也产生了不同的政见。

离秦朝最近的历史镜子，就是殷商和周朝了。秦扫灭东方六国之后，丞相王绾以原燕国、齐国、楚国居地较远为由，向秦始皇建议，希望把这些地方分封给秦始皇的各个皇子。秦始皇让群臣来讨论，大家都觉得王绾的建议合情合理。这件事说明，在当时，分封制观点是有很大市场的。对此，廷尉李斯持截然相反的观点。他认为，周武王封了很多同姓子弟，这些人后来关系疏远、相互攻击，周朝的天子完全失去了控制能力，想管也管不了；秦朝应在全国统一设立郡县，用赋税对皇子和功臣进行赏赐，有利于天下安宁，因而不赞成分封皇子，反对出现新的诸侯。在这个问题上，秦始皇公开支持李斯。

以史为鉴的两种不同结论，产生了两种不同的政体趋向：一种以秦始皇和李斯为代表，维护以中央集权为核心的郡县制；另一种以王绾为首的群臣为代表，支持以封国建藩为核心的分封制。

这次交锋，以秦始皇和李斯的胜利而告终。在中央，建立皇帝直接控制的三公九卿制；在地方，推行郡县制，将天下分为三十六郡，郡里设郡守、郡尉和监御史，郡下设县，郡县长官均由中央任免和直接指挥。从此，中央集权制确立，权力牢牢掌握在中央和皇帝手中。

皇帝集权面临挑战

一种旧制度消亡之后，与其相应的思想观念并不会立刻消失；一种新制度确立起来，与其相应的思想观念也并不会立即达成共识。

春秋战国时期，社会上涌现出大批学有专长的知识分子和文学游说之士，他们代表不同阶级、阶层和社会集团利益，出现了“百家争鸣”的局面。秦横扫六国之后，包括六国旧贵族在内的豪强都被迁徙到咸阳，全国实行郡县制，士子失去了诸侯割据时的生存条件和活动环境，出路和机会骤然减少，许多都成了无业游民，成了新制度的受害者，自然会怀念旧时、不满现实、是古非今。

皇子们不是平民百姓，他们的要求很高，不但要把日子过得富足，还想把权力攥在手里。不少功勋卓著的臣子，也是如此。历朝历代，皇子、功臣向皇帝要权力，皇子、功臣与皇帝的较量，都是常有的事。秦统一全国后，同样要面临这个问题。实行郡县制，不封王分地，这在秦以前的商朝和周朝是没有的，对皇子、功臣来说，这是他们攫取更大权力的一道难以逾越的坎。这时，肯定会有替皇子和功臣说话的人。

秦统一中国后，丞相王绾、廷尉李斯等大臣在讨论秦王嬴政的帝号时，说凭他的功业威望，连为人称道的三皇五帝中的五帝都不能与之相比。从这里看，皇帝好像已经是至高无上、一言九鼎了。

实际情况怎样呢？在以丞相王绾为首的群臣关于在离秦较远的燕、齐、楚等地分封皇子为王的建议被秦始皇否定后，公元前 212 年，秦始皇大宴群臣，仆射周青臣对秦始皇歌功颂德，皇帝很高兴。可就在这时，博士淳于越（齐人，并非土生土长的秦人）提出了分封皇子、功臣为诸侯的建议，还骂周青臣面谀皇帝，不是忠臣。他并没把此前秦始皇反对分封的主张当回事，这显然与中央集权制中皇帝一人独大、至尊无上的本义相违背，当然，也与李斯的主张相违背。这无疑是对皇权的公开挑战，这在专制时期是万万不允许的，更不允许其扩散蔓延。如何在思想上和权力上实现绝对控制，如何维护皇帝和中央的绝对权威，自然是秦始皇和他忠实的追随者李斯要考虑的问题。

“焚书坑儒”以固皇权

终究要发生的事，总是有导火索的。

对淳于越分封皇子、功臣为诸侯的建议，李斯大加斥责。他说，在诸侯并争的时候，要广招游学之士，天下统一大定后，百姓就要致力于农工，士子就应学习律令。然而众儒生尊崇私学，是古非今，对国家的律令和朝政妄加评议、诽谤，哗众取宠、博取名声、扰乱民心。他建议，除了史官所藏的秦国史记，别国史书一概烧毁；除了博士官，私人所藏的诸子百家书一律上缴官府；聚谈读书的人斩首，是古非今的人灭族，民间求学要以官吏为师。秦始皇听从了李斯的建议，实行了焚书令。

公元前211年，受命寻求长生不老仙药并以种种幌子糊弄过秦始皇的卢生、侯生两个方士，终因找不到仙药而畏罪逃走，逃跑前把秦始皇、秦朝法令和朝中臣子数落一番，说秦始皇刚愎自用、以刑杀树威、对博士备而不用，把求不到仙药归咎于秦始皇贪恋权势。秦始皇大为恼火，知道自己信任和厚遇的人在背地里诽谤自己，还听闻有些儒生在咸阳妖言惑众。于是，他让御史立案，严加审查盘问，把犯禁的460余人都活埋了。做了这件事，秦始皇不但不掩饰，还非让天下人都知道，以达到杀一儆百的目的。

焚书与坑儒，一前一后，一个从精神上“断奶”，一个从肉体上摧残，都与书和读书人有关，都是封建皇权为了加强思想统治，以期巩固政权、维护权威。

古代的监察机关

尹国华

古代的监察机关，从秦代已开始设置。当时设有御史大夫，御史大夫一方面管理皇帝的日常生活，一方面负责监察百官。西汉的最高监察机关称御史府，长官是御史大夫。东汉改称为御史台，又名兰台寺，长官是御史中丞，以后各代均有设置。主要职责是纠察群僚违失，弹劾百官不法，监督军政杂务，推勘按狱。东汉光武帝在朝时，让御史中丞和尚书令、司隶校尉各据一席，执掌当时朝中大事，可见其权威和尊荣。唐代御史台曾改称为宪台、肃政台，后来又恢复旧称，长官是御史大夫。与中书省、枢密院分掌监察、政、军三权。元世祖曾经说过：中书省是我的左手，枢密院是我的右手，御史台是用来医治这两手的。

明初仍设御史台，洪武十五年（1382），扩大监察机关，改为都察院，是监督法律执行、维护封建吏治的最高监察机关。对全国上下大小官吏的一切违法犯罪行为，都有权纠察弹劾，对重大刑事案件还可以会同刑部、大理寺一同审判。最高长官是左、右都御史。清代仍设都察院，长官为左都御史，右都御史为各省总督的兼衔，裁撤金都御，雍正时又把六科集中并入，成为最高的监察、弹劾机关。

漫话历代惩贪律令

陈彦友

在我国历史上，许多朝代都有惩治贪官的法律和举措。一些封建帝王出于维护封建统治的目的，惩治贪官非常严厉。本文举其大要，以观历代惩贪之举。

西汉文帝时，《惩贪律》中规定："吏坐受赇枉法，守县官财物而即盗之，已论命复有笞罪者，皆弃市。"这条法律，把贪赃、枉法、受贿、自盗这些贪官的犯罪特征都包括进去了，而且治罪很严，可至死刑。

东汉沿袭西汉法律，并有一些新规定。本初元年（146）下诏："赃吏子孙，不得察举。"建和元年（147）下诏："长吏赃满三十万而不纠举者，刺史、二千石以纵避为罪。"这些规定，已不只惩办贪官本人，前者是说赃官之贪行，要影响到子孙的前程；后者是说刺史、郡守都负有纠举之责，如果失职，也要受到惩处。东汉时被惩办的贪官，如安帝时的中郎将任尚，"坐赃千万，槛车征，弃市"。光武帝时，大司徒欧阳翕因"赃罪千余万发觉下狱"，死在狱中。

北魏孝文帝也重治贪官。太和三年（479）定律："枉法十匹，义赃（徇私贿赂）二百匹大辟。"八年，更定"义赃一匹，枉法无多少皆死”。是年秋，孝文帝又遣使者巡行天下，纠守宰之不法，坐赃死者40余人。由是，“赇谒之路殆绝”。

后唐明宗李嗣源是一位惩贪不避亲、不讲情面的皇帝。驸马石敬瑭的一个亲戚是汴州仓吏，犯赃当死，有人上奏求情，被他驳回：“王法无私，岂可徇亲?”供奉官丁延徽监仓犯赃当死，又有人求情，又被他驳回：“食我厚禄，盗我仓储，苏秦复生，说我不得!”于是这两个贪官均按律被处死。

宋太祖赵匡胤吸取前朝灭亡的教训，也重治贪官。《宋史·刑法志》记载，宋初“尤严贪墨之罪”。宋朝防止官员贪赃有三种办法：一是官员有试用期，试用官员转正要有若干名正式官员作保。按规定，官员不得保举犯有贪赃罪的官员转正。宋朝还有试用官员犯罪两次除名的规定。二是一官员犯贪赃罪，上司、曾荐举过他的官员都要受到处罚。三是凡犯过贪赃罪者，每次晋级或调动职务时，都要向吏部主动申报自己曾犯过的贪赃罪。犯过贪赃罪者，本人不提高官品，也不许其子弟等不经科举考试就入仕。

惩治贪官最严厉的当数明太祖朱元璋。《明史·刑法志》载：“太祖开国之初，惩元季贪冒，重绳赃吏，揭诸司犯法者于申明亭以示戒。又命刑部，凡官吏有犯，宥罪复职，书过榜其门，使自省。不悛，论如律。”他对贪官污吏处以极刑犹不解恨，还首开了如挑筋、断指、削膝盖、断手等酷刑。他甚至创造了“剥皮实草”的刑法，即把那些应处极刑的贪官，在专设的“皮场庙”活活剥皮，皮剥下后，填上稻草、石灰，制成“臭皮囊”，挂在他原任衙门的公座旁边，以此警戒其后任官员。对自己的亲属，朱元璋也执法极严。他的女婿、驸马都尉欧阳伦借出使之机走私，被他依法处死。

康熙是中国历史上很有作为的一位封建帝王，其文治武功可谓辉煌之极。他在晚年总结自己的治国之道时说："治国之要，莫过于惩贪；致治之道，首在惩戒贪吏。"

康熙虽然总结出了"惩贪"乃"治国之要"，但其措施之严、手段之酷，却远不及他的儿孙辈。雍正一上台就发誓"整纲饬纪，澄清吏治"，对贪官大开杀戒。雍正在登极恩诏中删去了豁免官员亏空一条，接着又发上谕，在中央设立会考府，稽查各部院奏销钱粮，杜绝营私舞弊现象，从而在全国范围内迅速掀起了反贪污大潮。雍正对于赃官，采取抄家籍没和罢官并用的手段。山西巡抚苏克济勒索白银450万两被没家产；河道总督赵世显克扣治河之料钱粮也被抄家并下刑部狱。即便对皇亲国戚，雍正也决不徇私枉法。履郡王胤祹为赔偿亏空，被迫于街头出卖家用器皿；敦郡王胤䄉无法清偿亏空被抄家财。

乾隆这位以风流儒雅著称的皇帝，惩治贪官也达到严酷的程度。他在位期间，仅布政使以上的封疆大吏就被杀了30多人。

让循吏与能吏“各得其用”

董克用

古代官员可以分为两种：一种是循吏，一种是能吏。循吏往往安分守己，按部就班地完成任务；能吏则善于解决棘手疑难问题。人们往往希望官员既是能吏也能当循吏，但现实是，二者不可兼得。而能吏与循吏的获取途径、考核方式等也多有区别。

获取途径上，能吏往往需要通过竞聘、竞争或者竞选才能被发现或提拔。而循吏往往是一步步培养出来的，还可以通过轮岗来掌握更全面的工作经验。

品德要求上，对能吏要鼓励讲“诚信”，即“遵约定、讲义气”；对循吏则要鼓励讲“忠诚”，即“听话、守纪律”。

用人上，管理能吏要坚持用其所长，敢于用“刺头”，容忍“刺头”，必要时还要能替能吏“挡枪子”，能吏的上级应是伯乐型领导。而管理循吏时，上级要关注下级的短板，强调弥补其不足，循吏的上级应该是导师型或者监工型领导。

考核上，对能吏应该授权管理，在规则允许的范围内，多问结果少管过程。对循吏应该集权管理，多看过程少看结果，因其执行责任多，决策责任少。

发展途径上，能吏应该多做创新性工作，如政绩突出获得升职，仍应当安排到创新性岗位。循吏应该多做模仿性工作，政绩突出时，可升到多为执行规则、复制模式的岗位。

为何西汉官员廉洁而吏员腐败?

张宏杰

汉朝建立之后，制定了比较高的俸禄标准，特别是中高级官员俸禄比较丰厚。汉元帝时，著名贤臣贡禹曾在上书中描述他家经济情况的变化。他说未做官时，他家虽然有百亩田地，但是衣食不赡，生活困苦，做官之后情况就截然不同了："禄赐愈多，家日以益富，身日以益尊。"

西汉的俸禄形式是比较现代化的，不再像战国和秦那样用粮食支付，而是主要以铜钱支付，也就是实现了货币化。清官贡禹在做相当于中级官员的"八百石"官时，月收入是 9200 钱。据汉简材料，汉代一斤（一汉斤约为 250 克）肉大约六钱或者七钱，则他的月收入在今天可以买 707 斤（今天的斤）肉。《九章算术》卷七记："善田一亩，价三百；恶田七亩，价五百"就是说，好地一亩 300 钱，差地一亩 75 钱。则他的月收入可以买 31 亩好地。

除了薪俸之外，皇帝对中高级官员还不时地会有赏赐，赐给"四时杂缯绵絮衣服酒肉诸果物"，所以汉代中级以上官员收入还是比较高的。

汉代在建立之初，经济相对困难之时，就确立了中高级官员较高的薪俸标准，这是有着明确的"高薪养廉"的考虑的，所以董仲舒说，当时官宦之家一般实力都非常雄厚，可以大量购买田宅奴婢。

汉武帝时丞相公孙弘生活俭朴，晚上睡觉盖着布被。名臣汲黯认为这与他的收入状况不符，有作秀的嫌疑，因此上书弹劾他："弘位在三公，俸禄甚多，然为布被，此诈也。"由此可见，汉代高级官员的生活待遇确实是非常优厚的。

与此同时，汉代法律对贪污受贿的处罚也非常严厉。汉初官吏接受他人宴请被举报，要被罢官。汉代官员如果接受贿赂，或者通过经商谋取收入，则以"盗贼罪"论处。主政官员"盗直十金"，即判死刑"弃市"。如果收受礼物，则处以罢官，并且还要没收礼物并处罚金。

西汉大部分时期，在整个中国历史上属于官风较好的时期，中高级官员极少出现大面积贪腐现象。《二十四史》中，以汉代循吏即清正有为之官最多，比如"仁爱好教化"、主动减省用度的蜀郡太守文翁；"视民如子""为百姓兴利，郡以殷富"的南海太守召信臣；厉行廉洁、立节自律、"身处脂膏""不以自润"的姑臧长孔奋；"性公廉"、拒收贿赂的东莱太守杨震等。

但是汉代俸禄体系存在一个很大的问题，是高级官员与低级官员，以及官员与吏员之间的待遇过于悬殊。

汉代高级官员和低级官员的收入差距是非常大的。最高级别的官员丞相的月俸钱，相当于中低级官员"比六百石"的 20 倍，相当于二百石以下吏员的 100 到 600 倍。"百石"级的小吏，其年收入仅与普通农户一年的收入相当。汉代高级官员俸禄水平虽然很高，但是官吏整体平均月收入竟然不过 1389 钱，甚至比不上"月二千"的雇来替人服徭役的"更卒"。这是因为汉代高级官员数量很少，而基层吏员却为数庞大，所以平均收入就被大大拉低了。因此我们说，大多数汉代官吏收入不高。从这个角度来看，汉代也应该属于薄俸制。

汉代吏员腐败情况比较普遍。《汉书·循吏传》说，官府在送故迎新之际，“奸吏缘绝簿书盗财物，公私费耗甚多”。颜师古注说：“因交代之际而弃匿簿书以盗官物也。”也就是说，在两任官员交接的时候，小吏故意把账簿弄丢或者藏起来，偷偷盗取官物。

所以，汉代政治中最大的问题之一，是低级官吏特别是吏员谋取灰色收入的情况比较普遍。一方面，他们收入过低，无法满足基本生活需要；另一方面，他们在百姓面前又是权力的代表，有很大的上下其手的空间。大规模的吏员腐败，恶化了官民关系，毒化了社会风气，可以说，这种流毒一直维持到东汉，动摇了汉皇朝的统治基础。

王莽的俸禄改革为什么失败？

张宏杰

王莽这个人是一个“奇葩”，他为人既相当狡诈，又有浓重的书卷气。他篡位之初，就仿照古书记载，进行了一系列花样百出的官制改革，新创了许多官名。比如他按照《周礼》的规定，设了三公九卿二十七大夫八十一元士，这导致各级官吏数量倍增，结果“国用不足”，不得不大幅降低官员们的俸禄水平。一度自公卿以下，每月只有麻布二匹。这样一来，百官无法存活，贪污之风迅速刮起。

为了应对这种局面，天凤三年（16），王莽开始进行大规模的俸禄改革。王莽的设计初衷很好，尝试进行高薪养廉，大幅提高了俸禄标准，“上至四辅以万斛云”，新莽四辅级官员是最高级别，他们的俸禄是西汉最高级别官员三公的 2. 38 倍。看起来改革魄力十足。可问题是：虽然制订了改革方案，但是王莽并没有能力迅速增加财政收入，那么靠什么给百官发俸禄呢？王莽一个“脑筋急转弯”，靠货币改革，增发货币。

王莽施行货币改革的主要思路是不需要增加产铜量，只需要把货币上铸明的币值大大提高，来增长整个铜钱的供应量。所以他设计了非常复杂的兑换体系。在王莽的货币体系中，有大钱，有壮钱，还有幼钱、幺钱、小钱。他给钱币组织了一个家庭，排了辈分。除了钱，还有“布”，布的家族关系更复杂，有幺布、幼布、厚布、差布、中布、壮布、弟布、次布、大布。按照上古的制度，乌龟壳、贝壳也都成了货币。

但是这样随便增发货币，自然迅速导致恶性通货膨胀，王莽所发的新币，老百姓根本不承认。史载“莽之制度烦碎如此，课计不可理，吏终不得禄”，官员收入每况愈下，很多官员没有俸禄收入。贪污腐败因此不可避免地更加剧烈起来，虽然没有俸禄，却出现了许多富豪，所谓“天下吏以不得俸禄，并为奸利，郡尹县宰家累千金”。

王莽见状大怒，又开始了雷厉风行的铁腕惩贪。他下令从始建朝二年起，“诸军吏及缘边吏大夫以上为奸利增产致富者，收其家所有财产五分之四，以助边急”。也就是说，把那些贪官家产的五分之四没收，充作军费。

为了反腐，王莽大力鼓励属下举报长官、奴仆举报主人，结果天下大乱。他越反贪，贪污腐败越恶化。俸禄制度的失效，造成整个国家官僚体制的失效。

除了俸禄，在王莽统治时期，经济上还进行了很多其他轻率的改革。

第一个是“王田制”，即土地国有制。王莽的王田制看起来很美好，要直接打击大土地所有者，改变“富者田连阡陌，贫穷者无立锥之地”的现状。然而，这一计划显然过于激进，缺乏起码的操作性。所以，王田制虽然宣布实施，但王莽却一直没有制定出可行的办法，唯一的手段是刑罚，结果是“吏缘为奸，天下謷謷然，陷刑者众”。王田制只实行了 3 年，便被废除了。

王莽的财税改革，最为复杂的是所谓“五均六筦”政策。所谓

"五均"，就是在几大城市设立五均官。"六筦"的"筦"是"管"的异体字，即管制的意思，"六筦"就是指国家对六个方面的经济活动实行管制。

除了五均一项之外，加上官府垄断经营制盐、冶铁、酿酒、铸钱和征收山泽之税，合称为"六筦"。综合起来，就是由国家对工商业进行垄断经营和强力管制，把原先主要掌握于社会上层贵富集团手中的盐铁酒经营、山林川泽、商业贸易等利益，通归朝廷掌握。以"齐众庶，抑并兼"，实现社会公平和正义。

然而，实施的效果却完全相反。王莽实行五均六筦，以各地富商大贾来主持其事。这些富商大贾多做假账，虚报库存，以致政令不出宫门，起不到什么实际的作用，反而导致"奸吏猾民并侵，众庶各不安生"。五均六筦实行之后，官吏作奸犯科，贪污盛行，不过十年之间，财政破产到不能发俸禄。

古代的民意评官

完颜绍元

最早的民意评官

民意评官的源头当是汉魏时代的乡议选士制度，就是从最初的选拔官员要听取民众评议，逐渐发展到考核官员时也要参考民众评议。当时，有很多基层官员因为得到了民众的高度评价而平步青云。比如，在《汉书·循吏传》中，朱邑就是因为受到民众拥戴，由掌管一乡诉讼和赋税的啬夫一下子升为太守卒史；召信臣也因为得到了民众的好评，由上蔡长直升到零陵太守。

也有很多官员因为民众评价太差而丢官。汉成帝时，薛宣管辖的高陵县令杨湛和栎阳县令谢游都是极其贪婪狡猾之人，薛宣封“吏民条言”给杨湛，给他施加压力，让他自动辞职；薛宣又发公函给谢游，开门见山地说“告栎阳令：吏民言令治行烦苛”云云，意思是民众对你这个栎阳县令很不满意，都反映你施政无方，法令烦琐苛刻。于是，谢游的乌纱帽也丢了。所谓“吏民条言”和“吏民言”，正是吏民对两个县令的批评、揭发、举报之类的言论。

“自上而下”与“自下而上”

古代没有电台、报刊之类的公共传媒，也没有可以让民众自由交流的互联网，所谓民意评官的方式，大体有自上而下和自下而上两条途径。

自上而下，就是上起朝廷，下至州郡，都要定期派遣使臣、风宪官员等，分级分区巡行视察，听取民众对各级吏治官风的评价。

西汉时，刺史巡行郡国，每到一地，必定先去官立学校，就当地施政得失等问题让学生填写问卷，然后以招待所为临时办公地点，通过调阅计簿文档、分头察访询问等方式了解情况。为防止受蒙蔽，刺史总是把会见当地长官、当面听取汇报之类的工作安排在最后。

自下而上，就是民众可以通过向各级官员或风宪官吏投书献状、当面陈述等方式，主动表达他们对本地吏治官风的看法和意见。

北宋真宗时，刘随任永康军判官。他兴利除弊，减轻民众力役负担，严禁政府人员借马市勒索少数民族，可以说为老百姓谋了不少好处，当地群众都称其为“刘父”。但最后他却因为拒绝上级请托，被人冤枉，以致官位不保。当本路监司相继来永康察访巡视时，数千少数民族群众拦马质问“我刘父何处去也”，大声喊出“还我刘父”的口号，群情激奋。本路监司再三抚慰，数千群众方才散去。监司把情况一一汇报给朝廷，洗刷了刘随所受的冤屈，让他官复原职。

“民意代表团”

纵观历史，明一代，特别是明代前期，可以说是民意评官最为活跃的时期。从那时起，许多地区民意评官蔚然成风，写出了古代官员管理史上别开生面的一页。

宋代民众举留长官的层级和形态很多，有向州府举留知县的，有向监司举留知州的；有的举留不是写材料向上汇报，而是采取拦道、越诉、举幡、击鼓等形式，相当惊人。如宋高宗时向子忞守衡州，时逢大旱，衡州米价一下子蹿升到每斛一万五千钱。向子忞急忙遣人分赴各粮食丰收地区抢购粮食，以原价摊分路费出售，每升为60钱，这批价格适中的粮食救了很多百姓。但此举严重损害原本想要趁机发横财的富豪乡绅的利益，于是这批人也来“民意评官”，最终导致向子忞被罢职。消息传出，“士民相与群聚”，一起拥到衙署前，敲击登闻鼓，“愿举留”向子忞。据史料载，“鼓为之裂”，吓得提刑忙以巡视为名趁夜登舟逃走。

正面性的民意评官如此给力，往往能给当事人换取名利双收的实惠，所以官秀民意的故事也不绝于史。唐高祖时，并州都督李元吉在任上胡作非为，朝廷收到其副手宇文歆的如实反映后，将他召去京师；与此同时，李元吉也秘密召集百姓前去为他说好话，估计这个“民意代表团”赴京举留的费用都由并州府财政买单。

北魏皇帝的反腐策，哪个最成功?

张宏杰

魏开国之初，官员腐败严重，皇帝们的惩贪动力是很强的，为了惩治贪腐，他们开动脑筋，想尽了各种办法。太武帝太延三年（437）下诏，号召天下百姓和官员，举报其官长和上级。文成帝太安五年（459）下诏书，要求对官员们实行长期追责制，虽然任满调离或者退休，一旦发现问题，也不放过。

北魏明元帝拓跋嗣的办法更为特别，他发明了类似今天财产公开的办法。他听说州县官员搜刮百姓特别厉害，就专门派出一批使臣到各地巡行，任务只有一项，就是查点官员的财产。巡行使闯入官员家中，一项项清点财物。如果你不能证明财物是合法所得，那就一律视作赃物。明元帝还扩大了太武帝时期的举报制度，诏令“守宰不如法，听百姓诣阙告之”，试图发动群众的力量，共同打击贪腐，其做法有类于后世的朱元璋。

但皇帝们的百端治理整顿，几乎毫无成效。明元帝号召百姓举报不法官员，诏令下达之后，倒是群起响应，不过响应的都是地方上的流氓地痞。这些地方上的凶恶之徒，专门搜集地方官员的过错，然后上门威胁，如果不给我好处，我就上报。地方官员不得不贿赂他们，回过头加倍贪暴。

直到孝文帝太和八年（484），北魏君主才想通一个简单的道理：不给百官发俸禄，不可能达到地方吏治的清明。因此才把制定俸禄制度的问题提上了议事日程。北魏孝文帝以汉化改革闻名史册，他的俸禄改革其实也是任内的一项重要举措，只不过后世注意者不多。他将魏晋南北朝的九品制由9个等级变为正一品到从九品18个等级，加大了官员职位差别，并据以分发不同数量的俸禄。此制直至明清，相沿不绝。

在实行俸禄的同时，孝文帝厉行惩贪。孝文帝诏书中说，对官员的贪污行为，因为历史原因，既往不咎，但“禄行之后，赃满一匹者死”，规定极其严厉。

孝文帝说到做到，在冯太后的支持下，他对于那些胆敢以身试法者频频出手，决不姑息。当时任秦益二州刺史的李洪之与献文帝之母结拜为兄妹，所以“号为显祖亲舅”。此人“素非廉清，每多受纳”，被人举报，孝文帝命人把他锁拿进京，亲自审问，力排众议，令李洪之在家里“自裁”。皇室梁州刺史临淮王拓跋谭、汝阴王拓跋天赐及南安王拓跋祯，都因贪赃枉法，或发配边镇，或罢官贬为平民。孝文帝派大批监察人员巡视全国，使得天下贪污受贿之风为之一刹。

当然，和历史上其他改革一样，这样一个重大的俸禄改革，也遇到了极大的争议。很多人对新制度奉行不便，感觉实在太麻烦了，不如恢复过去的赏赐制简单明了。还有人认为，建立俸禄制，增加了百姓负担。

确实，孝文帝在宣布实行俸禄制的诏书中说：“始班俸禄……户增调三匹、谷二斛九斗，以为官司之禄。”每户老百姓要多交三匹布，多交二斛九斗谷，作为百官俸禄的来源。这样一看，似乎百姓负担大大加重。后世那些实行薄俸制的君主，不给百官开足俸禄的理由也是以减轻百姓负担为辞。

但是历史事实一再证明，薄俸甚至无俸，对一个王朝来说，总是占小便宜吃大亏之举。实行俸禄制度，从短期看，因为兴革之举会导致官民一时不便，但从长远看，对国家是有好处的，因为这一改革从制度上堵住了百官肆无忌惮地抢夺民众财产的渠道，百姓负担实际上是大为减轻了。所以孝文帝接着说："虽有一时之烦，终克永逸之益。"

可惜北魏后期，因为战争等需要，财政紧张，多次削减百官俸禄。孝明帝末，战乱四起，水旱灾害频发，财政窘迫，甚至向百姓预收数年租调，俸禄也很难再正常发给。孝庄帝时，干脆停止发放俸禄，"百官绝禄"，官员们复又聚敛成风，政府再度陷入极度腐败，北魏不久就灭亡了。

古代怎么治理懒官与庸吏？

刘诚龙

无规矩不成方圆。可在古代，无视纪律的懒官与庸吏大有人在，当时是怎么治理这一问题并对此进行制度建设的呢？

公开打屁股常态化

唐朝的李程是翰林学士，当时学士入署常以日影为候，冬天以阶前日至五砖为入时。李程性懒，每日过八砖才入，大家称他为“八砖学士”。

“李八砖”经常迟到早退，那会受到什么惩罚呢？唐朝也有考勤制度，《唐律疏议》专设“官人无故不上”条，“因给暇而故违，并一日笞二十，三日加一等，二十五日合杖一百，三十五日徒一年，四十五日徒一年半”。

“李八砖”没缺勤，他只是迟到，钻了制度空子。更令人意外的是，他的官职不降反升。领导表扬他风度从容，可为百官仪表，升宰相了。“李八砖”迟到早退常缺勤，平步上青云，制度就是这样被破坏的。

元朝书画大家赵孟頫博学多才，能诗善文，懂经济，工书法，特别是书法和绘画成就最高，开创元代新画风，被称为“元人冠冕”。一代名士，难免有些恃才傲物。有一次，赵孟頫上班迟到了，宰相严肃斥令其脱下裤子“受笞”。

旁边的监管人员早已准备行刑。不是宰相刻薄，而是元朝有制度，所有迟到者，都要受笞。赵孟頫哪能例外？溜溜闪的板子高高举起了，啪啪啪，“断事官遽引孟頫受笞”，以正朝纲，以正法纪。

朝堂之上，光天之下，这些名士怎么说也是士大夫，被脱光裤子，似乎有点不成体统。其他朝代，惩处不遵考勤者，举板便打屁股，到底不多；到了明朝，朱元璋以猛治吏，常有士大夫光屁股受笞，被打得皮开肉绽。

有回，有官员没来上朝，崇祯气得召来锦衣卫，喊打喊杀，金銮殿里祭起霸王棍。便有大臣谏：“殿上用刑，三百年未有之事。”崇祯气言与驳：“这厮，亦是三百年未有之臣！”

朝堂之上血肉横飞、干号震瓦，到底不像样。到明朝中后期，锦衣卫掺和之下，各种严刑峻法让官员更是叫苦连天，反对打屁股的声音多了起来。礼部尚书太子少保霍韬便说：士大夫有罪可以杀可以剐，这样在大庭广众之下脱光了人家的衣服打屁股像什么话？真是“刚心壮气，销折殆尽”。

罚款停薪革职各显其效

打屁股固然属肉体刑，亦属精神刑，既损其尊严，又失其面子，其惩罚有效力。不过，惩处有效者，罚其薪俸也可以。

唐朝治懒官与庸吏，多使用经济手段。唐玄宗时，其制是“文武官朝参，无故不到者，夺一季禄”；到肃宗时，“朝参官无故不到，夺一月俸”。再到文宗时，不来上朝的，只罚25文。处罚力度如此减弱，恰能说明中央对官僚集团的控制力量日益松弛。

罚薪俸与福利，这法子蛮好。唐朝制度渐成空文者，便是一罚不如一罚，先前迟到，一个季度薪俸没了，到了后来，只罚一个月，再到后来罚25文钱就可以没事了，谁还在乎你罚那25文钱?

治吏慵懒，古之制度最好者，是明朝改革家张居正之考成法，其要义是：“尊主权，课吏职，信赏罚，一号令为主。”你不上班，不管你，官人天天待办公室，便是德能勤绩？把他们圈在办公室，未必能算干活。

那怎么办？给你制定一个目标考核，六部和都察院制记事本，本上分几格，上班天数，外出回数，干事次数，按账簿登记，逐月检查。每完成一件即登记一件，如实申报，否则以违罪处罚。记事本分三本账簿，一本由六部和都察院留作底册，另一本送六科，最后一本呈内阁。六部每半年上报一次执行情况，最后内阁同样亦依账簿登记，对六科稽查工作进行查实。

张居正这个考成制度，不是挂在墙上看的，而是长了牙齿的。比如万历三年（1575），内阁以考成法查出各省抚按官员，没完成目标管理者共计237件，被查处者，高品阶者共54人，凤阳巡抚王宗沐、巡按张更化、广东巡按张守约、浙江巡按肖廪，都赫然在列。级别那么高，官员那么多，全罚停俸三月。

对于某些官员来说，罚停薪俸还不算什么。但是，撤职就严重了。万历四年（1576），山东17名、河南2名官员，因地方官征赋不足九成受到降级处分，而山东2名、河南9名官员受革职处分；官员可以受笞，可以不要薪俸，但乌纱帽是他们的命根子，张居正当政期间，按考成法裁革的冗员竟占官吏总数约三成。

考成法延到大清，演变为京察与大计，分别针对京官与地方官。京察是指三品以上官员及总督、巡抚等方面大员先述职，自陈政事得失，按称职、勤职、供职三等级，由皇帝敕裁，实行奖惩；大计是一级管一级，依隶属关系逐级考察，作出评断，申之各省督抚，核其事状，注考造册，送吏部复核。大计按卓异与供职两个等级奖惩，卓异者有奖、提拔；供职者不奖不升。

考成与京察、大计之下，针对这些不干事的具臣，扣薪俸，摘乌纱，可也。治懒便是奖勤，懒者罚，勤者奖，庸者下，能者上，谁还敢尸位素餐呢？

考成与京察、大计之制，专治具臣。但若制度不能好好执行，治具臣就成了置具文，乃古今之痛。

唐朝监察制度管窥

杨宗亮　罗开莲

唐朝是我国封建王朝中最为强盛的朝代之一，它上承秦、汉，进一步强化了封建君主专制中央集权政治体制，并保持近300年的强盛，其中，监察制度起了极为重要的作用。唐朝的监察制度，是在总结前朝覆亡的深刻教训后，逐渐创立和完善起来的。

“中书门下政事堂”及其“随机宰相机制”

自秦以来，宰相一直是封建王朝中皇权实施、运作不可缺的要素，是皇权辐射到官僚集团的中介，即所谓“一人之下，万人之上”。在唐朝以前，各个王朝都在探讨如何使皇权与相权之间保持一种良性的互相监察制约机制。唐朝在前人的基础上创立了国家权力运作核心“中书门下政事堂”，比较合理地解决了上述矛盾。

中书门下政事堂是中书省（职责是草拟圣旨）、门下省（职责是对圣旨进行封驳）的联合办公机构。此前，中书省秉承皇帝旨意草拟圣旨，经皇帝审查后交门下省最后审核，如有不妥，则封驳交回，不允许发出。但由于圣旨已经由皇帝通过，门下省的封驳多半是走过场，不起作用。太宗贞观年间，改革议政程序，要中书省在拟旨前先由中书舍人多人各自拟定处理意见，写在纸上，杂署其名，曰“五花判事”；然后由中书侍郎、中书令审查，门下省给事中、黄门侍郎驳正，再由中书省拟旨。这样，封驳先于拟旨，容易纠正错误。武后光宅元年（684）正式成立中书门下政事堂，玄宗时颁发“中书门下之印”。按制，凡诏旨，必须由政事堂会议通过并加盖“中书门下之印”方能生效，否则便是违制。这样，政事堂成为具有宰相职能的机构。但是，政事堂并没有固定的长官，政事堂议政时由中书、门下长官轮流主持议政会议，负责记录议政结果，称为“秉笔”（即会议主席）。当某人主持会议时，便具有宰相职能。但这种宰相属于临时的，而且是以某省（后来，许多衙门如秘书监等长官也可担任会议主席）原职兼任的，因而其权力便被大大限制起来，杜绝了过去“宰相擅权”的现象。同时，政事堂对皇帝的权力也有一定限制作用，皇帝圣旨必须加盖政事堂印信，对于皇帝滥用权力起到了监察作用。

以御史台为核心的监察系统对官员的监控

唐朝的监察机构，和政事堂一样，具有权力互相制约的特征。在中央，监察机构称御史台，长官是御史大夫，其职责是“掌刑宪典章，纠百官善恶”。御史台下设置三院：台院，负责纠察，弹劾百官，并参与审理大案、要案，身兼监察与司法二职，地位尤为重要；殿院，负责纠察朝仪，监督太仓、左藏出纳，巡访京城内外百官在社会上的所作所为（如非公务互相来往即可能有勾结嫌疑，夜间宵禁后非公务街道行走等）；察院，负责监察尚书省（行政机构）及其六部（吏、户、礼、兵、刑、工）及地方州县官的政绩及违纪。除了御史台之外，皇帝还不定期派出巡御史到地方进行视察，实施监察职能。另外，中书、门下二省也具有监察职能，尤其是对御史的监察和对皇帝的特殊监察（即劝谏）。作为行政机构的尚书省中的左、右丞也有权纠正尚书省内六部官员和御史纠察不当者。

监察官员一般均以较年轻者担任。这是因为年轻官员尚无宦海中的种种恶习，敢说敢为、锋芒较锐。而且，年轻官员品级较低，容易控制。御史台的最高长官不过三品，而三院长官均在六品以下。这就是所谓“以小制大”之法。监察官员虽然品级较低，但均直接对皇帝负责，即有“通天”之特权，所以能够以较低品级来监察各级官员。

监察官对其他官员的监察不仅针对官员的违纪行为，而且要监察官员的职责履行情况。比如，对地方州县官的监察就包括：为官之善恶，户口之流散，账籍之隐没，赋役之不均，农桑之不勤，仓储之减耗，奸猾盗贼之时有，地方人才之举荐，地方豪强之不法等。

我们可以看到，唐朝监察机构系统的特征在于：一、监察的核心就是权力互相制约。权力互相制约的目的是防止权力滥用。因此，唐朝整个政治机构都具有监察职能。二、监察机构各有专司，监察内容细致周到，尤其是注重对官员政绩的考核。三、监察机构直接听命于皇帝，因此监察官员品级虽低但却可以弹劾百官。监察官员可以监察百官却不能够凌驾百官之上，权倾朝野。四、皇帝的权力受到一定程度的限制。整个政治结构中没有任何一个机构、任何一个权力拥有者掌握绝对权力。

古代官员受贿量刑的考量

郭　建

古代统治者立法非常明确，渎职受贿罪名的设置目标不在于消灭此种犯罪，只是试图将其控制在一个合理的范围之内。

唐玄宗时，有个叫裴景仙的人当了武强县令，他在任期间索取当地百姓的各类财物高达5000余匹。裴景仙离任后遭人揭发，被捉拿下狱。唐玄宗得知此案后大为震怒，下令要将这个大贪官"集众杖杀"。

主管司法审判的大理寺卿李朝隐却上奏反对说："裴景仙触犯的罪名是'监临主守乞取'（接受部下馈赠），属于法律上的'受所监临'赃罪，根据法律没有死罪。"

唐玄宗看了奏章，仍然亲手写"手诏"判决处死裴景仙。李朝隐又一次上奏："法律规定枉法赃满15匹处绞刑，而'不枉法赃''受所监临赃'再多也只是流刑。现在如果处死裴景仙，那如果以后有枉法赃罪，再怎么加重处罚呢?"经过几次反复，唐玄宗最后才接受李朝隐的意见，将裴景仙改处杖100，流放岭外。

一分为三的受贿罪处理

从以上案件的处理可以看到，古代法律规定的“受贿罪”分为好几种。“监临主守乞取”是一个独立的罪名，专指官员向自己的下属勒索财物的行为，而要予以处罚的时候，要比照另一个“受所监临”罪名的处罚规定来判刑。

从商鞅变法开始，中国古代法律就把一切非法所得统称为“赃”，按照“赃”的数量来定罪量刑。所有的官员受贿罪名，大体分为三类：“受财枉法”是指主管官员收受了贿赂后违背法律做出决定，数额超过 15 匹就可以判绞刑；“受财不枉法”是指官员虽然接受当事人的钱财，但是在公务的处理上并没有违反任何法律，最多只是流放 3000 里；“受所监临”指官员收受自己部下及所管辖内百姓财物的行为，而授予财物的一方也并无具体要求事项，官员也没有违法处理公务的，赃满 50 匹以上，处流 2000 里。

后来的宋元各朝基本沿袭唐朝的这个制度，直到明代才有所变化。朱元璋亲自参与制定的《大明律》规定：“受财枉法”赃，按犯罪主体身份分为“有禄人”（月支俸粮一石以上的官吏）、“无禄人”（月支俸粮不满一石的吏员）两大类，前者赃满 80 贯处绞，后者赃满 120 贯处绞。

受贿罪中的受害方到底是谁?

在古代，受贿罪总体而言侵害的是国家统治秩序，但是又有着程度的不同。在古代观念看来，接受了贿赂就是破坏了法律实施的“受财枉法”，是一种直接扰乱并危害统治秩序的犯罪行为，有可能会激化社会矛盾，危及皇朝的命运，因此必须严惩，必须要处死刑；而“受财不枉法”并未直接扰乱、危害统治秩序，只是一种对于统治秩序的潜在的、间接的危害，因此可以网开一面，不动用死刑。

而“受所监临”的危害性被认为更轻，它指的是官员与下属及百姓之间的礼节性赠予礼物的行为。破坏的是官员与下属之间的正常隶属关系，官员可能将政事处置、法律施行当作“礼尚往来”的方式。因此它是一种“预防”性质的法律规定，处罚力度也就进一步减轻。

古代也有思想家认为，“受财不枉法”和“受所监临”行为涉及的只是官员个人的操守问题，甚至可以不运用刑罚来处罚。明末清初思想家王夫之在专门总结明代政治教训的《噩梦》一书中列专题来讨论“计赃论罪”的问题，并认定“受财不枉法”只涉及官员操守、官场风纪，无须定为罪名。

他举例说：有个吏部官员受贿或受人嘱托，将一个昏官派到关键岗位，导致“激变”或“丧师”，给国家造成不可挽回的重大损失，可是受贿的数值才 50 贯，不过是个徒刑罪名；而另一个吏部官员受贿达 200 贯，只不过是将一个官员委派为“仓大使”或“河泊所大使”，却要计赃处死刑。同样，如果一个法官受赃 50 贯，但听从诬告判处一个无辜的人死刑，这个法官不过是要被判流刑；另一个法官受贿 200 贯，只是听从诬告将一个无辜者判处了杖刑，而这个法官倒要被判死刑。

王夫之提出了改正这一法律的建议，对被动接受的钱财，除非是“累万盈千者”，只要由吏部“记过”就可以了。他认为这样才能够“全士大夫名节”，而士大夫有了名节，就有了廉耻，不会进一步主动去索贿。

传统的延续

王夫之的议论并没有直接影响清朝的立法。清兵入关后基本沿用了明朝的法典，也沿用了两大类受贿罪的区分法，将“受财枉法”赃改为“真犯死罪”，不可以钱财赎罪。同时又加重了“不枉法赃”的处罚力度，计赃满120两以上处绞监候。

官员渎职受贿，在中国古代社会是一个难解的施政难题。既然各朝代都建立起官员独占政治权力，赋予其在统治地区对百姓有驱使、裁判、予夺大权，自然也就难以防止权力的滥用和以钱财排除或换取权力的干预。

对于朝廷来说，官员渎职受贿实际上并非性命攸关的政治问题。朝廷专门设立的监察系统的主要职责，也不在于防止官员渎职受贿，而更着重于检测官员对朝廷的忠诚度。

因此古代统治者立法非常明确，渎职受贿罪名的设置目标不在于消灭此种犯罪，只是试图将其控制在一个“合理”的范围之内。这个“合理”的范围就是防止官员受贿后任意违法做出行政或司法决定，从而影响到朝廷的统治秩序，这种“受财枉法”罪名就必须要以死刑为约束。而对于不直接影响统治秩序的受贿行为，就没有那么重要，可以网开一面，这比起现代法律精神而言，是过于宽松了。

宋代高薪养廉的是非

张宏杰

宋代在中国历史上以高薪闻名，中级以上官员生活总体上来讲比较优裕，高级官员更是富裕。著名宰相吕蒙正出身贫寒，为官期间也算廉洁。然而吕蒙正退休后，在洛阳建“有园亭花木，日与亲旧宴会”。中级官员户部侍郎苏辙退休后，还享有职事官从三品户部侍郎职钱月45千。

不过，宋代俸禄制度存在一个很大的问题，就是高级官员与低级官员收入差距过大。以《嘉祐禄令》为例，最高等的节度使，料钱为400千，最低的郢、唐、复州内品才0.3千，差距非常明显。

总体来说，宋代五品以上官员收入很高，但是五品以下的收入是比较低的。所以低级官员普遍感觉生活压力巨大。当时有官员作打油诗说：“平江（治今江苏苏州）九百一斤羊，俸薄如何敢买尝。只把鱼虾充两膳，肚皮今作小池塘。”

宋代采取高官厚禄而低级官员薄俸的矛盾制度，也自有其不得已，就是因为宋代官吏数量过多。宋代以文官治国，大力推行科举，中者无不授官，财政不胜负担，“三冗”（冗官、冗兵、冗费）现象十分突出，所以广大低层官员只能承受低薪。

这种低薪制，不可避免地造成了部分州县官员的贪赃枉法。宋代已经出现“常例钱”的说法。所谓“常例钱”，就是官场上半公开化的礼金，性质同于元明两代的“常例钱”和清代的“陋规”。

与州县官员腐败相比，宋代吏员腐败更为严重。官与吏的比例一般为1:20左右，可见胥吏数量之庞大。朝廷对官员收入考虑得还算尽心，对吏员则基本不考虑其收入来源。中央政府的胥吏，只给予极为微薄的俸禄，而地方州县吏干脆“无常俸”，不给任何报酬。这是因为宋代把充作吏员作为百姓为国家服役的方式之一，要求他们义务为国奉献。

虽然没有工资，吏员们却有很大的权力。这是因为科举时代，进士举人们腹中只有几句圣人之言，对于治理地方，并无任何专业知识，所以很多公事都要交给胥吏去具体处理。

吏员是专制权力的终端，他们处理的事务表面上看琐碎细小，但是事关百姓生活。宋代的知县以三年为任，很多人只当了一年半载即赴他任，但是吏员却长期在本地工作，了解地方民情。所以，刚到任的官员不得不高度依赖吏员。

胥吏在处理具体事务时可以“轻重高下，悉出其手”，他们得以营私的手段很多。宋代史料中，关于胥吏不法行为的记载比比皆是。比如吏员随意下乡，剥削百姓：“乡村小民，畏吏如虎，纵吏下乡，犹纵虎出柙也。”吏员们经常低价买物，甚至白吃白拿。

宋代乡村还活跃着一批“揽户”，他们一到征粮时节，就走乡串户，到各家去收粮，再统一上交官府。揽户代纳赋税原本是利官便民之举，但是因为他们大多由地方的胥吏或是他们的亲戚担任，仗着官府的权势强行征税，又在计量器（斛）上大做文章，大斗改小斗，已经成为地方上的黑恶势力。有的地方，吏员们提前把很多年的税都先收了。

宋代胥吏贪污腐败已不仅仅局限于小范围，不是个体现象，而是形成了群体性、普遍性的现象，有人说宋代“良吏实寡，赇取如故”。王安石对于胥吏不法的原因作过比较合理的分析，他说：“方今制禄，大抵皆薄……官小者，贩鬻、乞丐，无所不为。”

很多人把宋代当成高薪不能养廉的例子，并且夸张地说，宋朝是历史上最腐败的朝代，这种说法显然是不全面的。其实，在权力约束比较有效、腐败未从底层传导上来之前，北宋的高薪养廉还是取得了一定程度的成功。

因此，总结宋朝的经验教训，我们应该说，局部的高薪养廉注定不能长久，没有与权力约束结合起来的高薪养廉，是不可能真正成功的。

官员道德是社会道德标尺

竹立家

古代中国的治国之道，对养成老百姓价值信仰的教化从来都以世俗的道德性教条为主，道德行为的标准参照物是现世的人，是所谓“圣贤”，小到族长和乡村绅士，大到皇帝和官僚阶层，这些人基本充当了百姓道德学习的榜样。

在历史上，为使官僚阶层能践行圣贤之道，端正权力行为，为老百姓做个好的道德榜样，也使用了教育感化或严刑峻法的手段。如宋太宗在京师立一戒石铭，其中一段刻的是，“尔俸尔禄，民膏民脂，下民易虐，上天难欺”。每有官员到地方任职，必到戒石铭前宣誓；还有明初朱元璋以对贪腐官员严刑峻法出名，不但杀了上万名贪腐官员，还把一些贪腐官员剥皮实草做成“模型”，立于各级衙门前，以警示来者。

但宋明两朝尤其是明朝，是中国历史上最腐败的王朝之一。可见教育感化和严刑峻法在封建社会并不能遏制腐败，原因很简单，官员权力是皇帝给的，江山又是皇帝一家的，真心反腐的人并不多，大大小小的官吏为了获得高额“权力利润”，杀头都不怕，遑论教育感化。这些人中大多数虽然嘴上经常挂着圣贤之道，但并不妨碍其干些贪赃枉法之事，败坏士大夫道德风气。皇帝害怕社会动乱，很少允许老百姓参与反腐，名曰“犯上作乱”。反腐效果可想而知，腐败官员能不能被抓完全靠运气，腐败在官场蔓延就是必然的了。以民族和人民承载动乱之苦的王朝轮回就不可避免了。

历史经验证明，在中国这样一个传统积淀深厚的大国，社会倡导的主流道德价值能否实现，能否真正起到以德治国和化育万民的作用，官员阶层的公正廉明是关键。老百姓的道德取向、集体偏好或学习榜样是那些掌握权力的人。官员的道德高度往往等同于整个社会的道德高度，政治制度就是社会秩序。这就是古人所说的“治大国者先治吏”的深刻历史内涵，要说封建王朝的治理特色，“吏治则国治”恐怕是最大的特色之一。

中国实现现代化过程中，社会正经历前所未有的历史转型，但中华民族几千年积淀形成的“道德心理习惯”和道德上“以官为师”的心态仍对现代社会部分人有影响。如果说我们在迈向现代文明社会过程中出现道德和价值迷茫或混乱的现象，那么根子还在一些人“官德不修”，或贪污腐败，或公权私用，或执法不公，或权钱黑勾结等，久而久之，带坏了民德民风，败坏了社会风气。

因此，在社会转型期要实现稳定和谐发展，建立一个高信任度社会，实现整个社会的道德安全，不使社会的道德行为或正义行为变成一件极有风险的行为，关键还是要通过制度约束官员的权力，完善高效的、民主的反腐体制机制，使一些人不想、不敢、不能贪，形成风清气正的政治环境。只有这样，人民才会信任我们，社会的道德风气才会向好、人民才会安定、社会才会和谐。

宋代要修衙门，为何这么难？

吴　金

宋神宗熙宁四年（1071），苏轼前往杭州上任，担任通判一职。虽然任职于人间天堂的杭州，但任职地的州衙却屋宇“例皆倾斜，日有覆压之惧”。

杭州曾是五代十国时期吴越国的都城，其时“官屋皆珍材巨木，号称雄丽”，但入宋之后“百余年间，官府既无力修换，又不忍拆为小屋，风雨腐坏，日就颓毁”。苏轼就这样心情忐忑地在危墙之下，当了三年杭州通判，直到另迁他州，其间州衙一直未能修缮。

十几年后，即宋哲宗元祐四年（1089），苏轼升官了，任龙图阁学士、知杭州。苏轼又心情忐忑地回来了，发现杭州官衙走时啥样，回来时依然啥样。苏轼问同僚：这房子如何住人？同僚们说：每到雨天，我们都不敢在大堂上待着。

这一年六月，官衙的危房终于出大事了，一处房屋倒塌，压伤了衙门内两名书吏；八月，州衙的鼓角楼也倒了，“压死鼓角匠一家四口，内有孕妇一人”。

官衙危房严重影响了官吏们的工作情绪，苏轼不得不上奏朝廷，请求拨款修缮衙门：“到任之日，见使宅楼庑，欹仄罅缝，但用小木横斜撑住，每过其下，栗然寒心，未尝敢安步徐行。”苏轼文笔好，把危房写得如临眼前。

但在宋朝想修官衙可不是容易的事情。地方官要修建衙门，就必须经中央政府审核、批准。宋真宗大中祥符二年（1009），朝廷已诏令地方“无得擅修廨舍”。因为朝廷没这项预算。

苏轼是聪明人，他想了个好办法，请求朝廷拨给杭州200道度牒解决经费问题。在宋代，僧尼出家需要获官方颁发的度牒认证，而度牒是要收费的，官方常常通过出售度牒来弥补财政之不足。苏轼一番计算，杭州官衙至少有27处需要大修，需要钱4万余贯，这可不是小数目。

要筹集4万贯钱，需要出售200道度牒。苏轼在奏章中说：再不修，日后可就不是4万贯的事了。苏轼还使出大招，向他的“高级粉丝”皇太后祈求：“如蒙朝廷体访得不合如此修完，臣伏欺罔之罪。”纵然如此，朝廷也没有同意拨款。

次年，杭州发生水灾，又次生饥荒。苏轼再次向朝廷申请划拨200道度牒。按照苏轼的打算，这200道度牒卖成钱，可以购得2.5万石大米，再减价粜米，可得钱1.5万贯，用这笔钱来修缮衙门，虽然无法彻底翻修，不过“修完紧要处，亦粗可足用”。

得亏苏轼的聪明，才想出如此两全其美的办法。这一回，朝廷总算同意给政策，不过不是200道，而是只有30道。出售30道度牒所募集的资金，肯定是不足以修整官衙的。之后杭州官衙怎么整修就无从记载了，估计这点钱只能草草修缮了事。不过，苏轼在元祐五年（1090）主持修建的一处公共工程，则在青史上流芳千古，那就是杭州的“苏堤”。

为什么一处已经成为危房的官衙，让两任杭州的苏轼如此窘迫？

宋代之前，地方官还有自主修衙的权力，如唐代的李听当邠宁节度使时，发现“邠州衙厅，相传不利葺修，以至隳坏”，李听不管三七二十一，“命葺之，卒无变异”。但到了宋朝，如果地方官私自修建官衙，将受到弹劾、处分。

宋真宗景德三年（1006），还是在杭州，知州薛映被人告发“在司擅增修廨宇”。朝廷马上派遣御史调查，一查，果然如此，经大理寺议罪，薛知州被贬为连州文学，这只是一个小地方的闲职。宋仁宗嘉祐三年（1058），汝州知州李寿朋在春荒时节“令郡人献材木，修廨宇亭榭，重为劳扰”，也被御史弹劾，受到降职处分。

大宋朝廷对地方官府修衙之事控制很严，慢慢便形成了“官不修衙”的惯例，导致苏东坡两次上奏朝廷申请修衙，结果都没获准。

明太祖反腐倡廉

邓世玖

明太祖朱元璋，是我国历史上继汉高祖刘邦之后，又一位布衣出身的皇帝，也是我国封建社会里最节俭的皇帝。

朱元璋出身贫寒，由于生活逼迫，早年就投身农民起义军，凭着努力和勇敢，他从一个普通的士兵跃升为统帅，再扫除群雄，最后登上皇帝的宝座，建立明王朝。

政治腐败，官吏贪赃枉法，是封建社会的一个毒瘤，也是造成封建统治危机的根源。朱元璋建立明朝之初，由于多年战乱，生产遭到破坏，人民生活贫困，朱元璋总结了以往的历史教训后，便决心励精图治，整治革新，创立廉明政治。

整肃吏治

明朝开创之初，新兴的地主阶级拼命敛财，隐瞒土地和丁口，逃漏赋税和徭役；功臣宿将倚仗权势违法乱纪，横征暴敛，贪污腐化。朱元璋认为法度松弛，纲纪日坏，势必导致国家灭亡，遂颁布《大明律》告诫各级官员要清正廉明，不要以身试法。《大明律》规定对

“谋反”“谋大逆”等十恶处严刑，不论主犯、从犯一律凌迟处死，他还常召集各级官吏训示，防患于未然。

加强监察杜绝贪奸之路。朱元璋在洪武十五年（1382）把御史台改为都察院，下设十三道监察御史，负责纠察百官并随时检举弹劾。朱元璋还设立巡检司和锦衣卫，遍布于全国各地，广布耳目，访察贪廉，要求百姓举报，从而使一大批贪官受惩。

严惩不贷不分亲疏。朱元璋下令：凡贪官污吏都要治罪不容宽贷。明初有人检举他的侄儿朱文正违法乱纪，朱元璋立即罢朱文正的官。他的女婿驸马都尉欧阳伦，出使办事时私贩茶叶，朱元璋下令依法把他处死。由于法纪严明，吏治腐败现象逐渐得到扭转。

提倡节俭

由于长期的战乱，明初经济受到严重破坏，君临天下的朱元璋一方面抓好休养生息发展生产，另一方面开源节流提倡节俭。在修建宫殿时，他审阅图纸后去掉那些雕琢华丽的部分和亭台楼阁；他每日早膳只用蔬菜；他在宫中用的车舆器具服用等，按惯例使用金饰的，他都改以铜代替。他还注意教育子女注意节俭，常带太子朱标出宫体验生活，了解农民耕作之辛苦，体察民情，还让太监打草鞋、编竹藤等给皇子们穿用。在他的影响下，后妃也都注意节俭，穿的都是一洗再洗的衣裳，从不浓妆打扮。

一天，司天监把元朝顺帝制的水晶刻漏献给朱元璋，以讨好皇上，结果，被朱元璋训斥了一顿，下令把此物砸了，并说“珠玉不是宝，节俭才是传家宝”。

有一次，江西行省的官员把陈友谅的镂金床献给朱元璋，他看后对左右说：一张小床弄得如此豪华，其余的用品就可想而知了，陈友谅如此穷侈极奢，怎么能不灭亡呢？这就是他招致失败的根源。

朱元璋身为君主，始终保持农民本色，在政治腐朽的封建时代，能反腐倡廉是难能可贵的，在中国历史上很难找到如此节俭的皇帝。

朱元璋和他的“官员腐败定律”

向　洋

明朝开国皇帝朱元璋，以严刑峻法著称，以至他注重官员教育的一面往往被人忽视。

朱元璋即位之初，就告诫来朝的府、州、县官员，要“约己而利人”，切勿“薄人而厚己”。洪武二年（1369），他诏谕群臣，宣布要“严法禁”：“但遇官吏贪污蠹毒吾民者，罚之不恕。”

对身负监察之责的监察官，朱元璋要求他们“正己以率下，忠勤以事上，毋委靡因循以纵奸，毋假公济私以害物”。

特别是地方官赴任之前，朱元璋一般都要和他们谈话，主要内容是：老老实实地守着自己的薪俸过日子，就像井底之泉，水虽不多，却不会干，每天可汲。如果搜刮民财，一旦事发，先关在牢里受刑，再送到劳改场做苦工，家破人亡了，赃物也成了别人的。所以不干净的钱毫无益处。

这样透彻的分析和堪称苦口婆心的教育，以及严酷的法律，仍不能彻底肃贪，依然有官员贪赃枉法。到洪武十八年（1385），朱元璋感叹：“我效法古人任命官员，派他们到全国各地，刚提拔任用时，他们既忠诚又坚持原则，可当官时间一长，全变得又奸又贪，能善始善终干到底的极少。”朱元璋此言，可称之为“官员腐败定律”。

为什么官员们不怕严刑峻法惩处，把苦口婆心的教育当耳边风，对血腥的警示视若无睹，偏要往腐败的胡同里钻呢？原因是多方面的，除了元末官场严重的腐败恶习影响外，社会上腐败者的关系网和贿赂风是一个不可忽视的重要原因，《明史》上有关徐均的记载可见这种状况的严重。

徐均刚到阳春县任主簿，就有下属建议他去拜望一个叫莫老大的土豪，徐均说：“他难道不是皇上的臣民？我有权惩办他呢！”莫老大闻讯，主动来拜见了徐均。徐均掌握莫老大的罪行后，将他逮捕。莫家赶紧给徐均送去塞满了金银珠宝的瓜果，徐均拒收，将莫老大押送府衙，可府衙却将莫老大放了。莫老大回家后再次给徐均送上那些礼物，徐均大怒，欲再法办他，府里却将徐均调走了。

徐均堪称清官。如果他收下“瓜果”，难道真会像朱元璋讲的那样被“送到劳改场去做苦工”？他的上司“受财枉法”不是没事吗？遇到麻烦的倒是清官徐均。这样的事对官员的影响恐怕更强烈、更直接。在这种环境、条件下，官员能不腐败吗？

在专制制度下，官员腐败问题虽然是不可能根本解决的，但严刑峻法的作用也不可忽视：洪武年间的官场，是明代最干净的官场。朱元璋死后，皇帝一代不如一代，刑罚逐渐趋轻，“官员腐败定律”也越来越准了。

守住你的那口“井”

沈　峰

明朝的开国皇帝朱元璋曾给他手下的人算过一笔账：老老实实当官，守着自己的俸禄过日子，就好像守着“一口井”，井水虽不满，但可天天汲取，用之不尽，朱元璋的这个账算得颇有道理，姑且可称之为“一口井”理论。

古往今来，被法办的贪官都有一个共同点，那就是守不住自己的那口“井”。这些贪得无厌之徒，总嫌“水井”不满，于是利用职权，不择手段地谋取不义之财。

当他们的不义之财如大江大河之水滚滚而来时，也常常就是连同他们自己也毁灭之日，这时候，不仅大量的金钱财宝自己享受不到，就连浅浅一口井的水也失去了。

人生的辩证法是无情的，有得必有失，想得到的更多，反而失之更惨。过于贪心的人不仅享受不到“一口井”给自己带来的幸福，而且弄不好最终还会把自己的脑袋也搭进去。

笔者认为，能守住“一口井”是一种境界，更是一种智慧。

为官从政者只有自觉地抵制欲望和诱惑，守住为官的底线，把为官的心思用在为老百姓谋利益上，有了这样的官德，才能守住那口“井”，这才是一条于国于民于己都有利的为官之道。

古代如何防止豆腐渣工程？

任万杰

实名制

古代皇帝怕大臣们监工不力，更怕修建责任人掺假，就命令在每一砖每一瓦上刻上修建责任人和监工的名字。只要出了问题，就根据砖瓦上的名字抓住相关责任人，立刻斩首，绝不姑息。这项命令非常有用，代表建筑就是湖南长沙天心阁古城墙和北京明代十三陵。历经风雨现在依然能清晰地看到上面的名字。这既是对建造者的有效约束，又让每个人都担起责任，修建时就会十分用心，这样的建筑质量也就有所保证，更易成为精品之作。

矛盾之争

古代建筑有时会选用土做建筑材料，土本身是十分柔软而脆弱的，可却成就了很多永恒的古建筑。古人的办法就是充分利用矛与盾的道理，即修建人每修好一段墙体，验收的人便拿着枪去扎，只要验收的人用尽全身力气能扎进去超过一尺，那么修建人就会立刻被杀头；反之，如果验收的人没有尽力去扎，也会丢掉性命。这类建筑的代表作就是位于内蒙古白城子的统万城遗址和朱元璋修建的南京城墙。两方成为矛盾体，为保命而必须履行好自己的职责，从而使得建筑坚固，可经历代风雨。

用钱找平

除了以上两招，古人还有高招吗？有。就是在建筑开建之前，甲方先把丰厚的工程款全部给建造者，不过有个条件，需要把石头磨平，两块石头中间不能出现一丝缝隙，如果出现，那就用给建造者的铜钱填进去，直到找平为止。建筑建成后，剩下的铜钱就是建造者的工资。这样的建筑代表就是苏州私家园林中的古石路。这种方式将建筑质量与建造者的利益直接挂钩，让建造者为获得更多利益而保质保量工作，这样的建筑质量绝对没有问题。

这些招无疑耐人深思，无论什么建筑，只要让参与者成为主人，不要让其置身事外，那么参与者就会更用心用劲，因此所建建筑也就更易成为不朽传奇。以古为鉴，现代建筑制度的不断优化，监督制度的不断完善将会大大降低豆腐渣工程出现的概率。

明朝“粮长”是怎么成为瘟神岗位的？

大狮子

大明洪武四年（1371）九月，明太祖朱元璋颁布了《蠲两浙秋粮诏》，捣鼓出了个“粮长制”。国家不再派官吏收粮，而是把征缴重任交给各村德高望重的村民，是为粮长。“其中田土多者为粮长，督其乡之赋税。”粮长制度首先在浙江实施，后来推行全国，成为明朝的一项重要制度。

朱元璋为什么要搞粮长制呢？他自己在诏书中说得明白，“兼以贪官污吏害民肥己四载于兹，朕深悯焉”。本来朝廷各种杂税就压得百姓喘不过气，官吏们又借着征粮中饱私囊。贫苦农民出身的朱元璋，出于爱护百姓的目的，让民间自己收税。朱元璋以为，大家乡里乡亲的，都是自己人，自己人给自己人收税，不会太为难。

同时搞粮长制还有个好处，就是减少了官吏配额，给国家节省开支。朱元璋说，原来要养一二十个人才能办好的差事，现在只要两个人，省人又省力。就这样，粮长制推而广之。

大有油水的明初粮长

大概是要产粮大户多承担社会责任的缘由，“田土多者”为粮长，粮长职位落到了地主乡绅的手上。地主乡绅，本来就是掌握相当社会资源的人，再担任粮长，有了征粮的权力，可谓是“如虎添翼”。

首先可以借着做粮长中饱私囊。粮长的主要职责是粮税的催征、经收、解运。粮长先要领到官府的勘合，之后按照要求给里长下达征粮指标，然后里长再把任务布置给甲长，甲长再挨户征粮。甲长收到粮食之后，再汇总给里长，里长汇总给粮长，粮长清点汇总完成之后，还要负责押运至指定地点，才算完差。这其中可以通过各种方法巧立名目，营私舞弊，获取暴利。

洪武年间，有个粮长叫郏阿乃，他巧立名目，搞出了一大堆名堂：什么收车脚钱、脱夫钱、造册钱、粮局知房钱等。朝廷给他的收税定额只有 1 万石大米，结果这厮收了 3. 2 万石大米，1. 11 万贯铜钱，多余部分全部进了自己的腰包。又有嘉定县粮长金仲芳等人，私自附加了 18 项税种，捞得盆满钵满。朱元璋治贪甚严，粮长腐败者，都会剥皮实草。但是，在这严刑峻法之下，仍有不少人铤而走险，可见其中的油水有多诱人。

粮长除了收粮的主业之外，朝廷还会给他摊派一些别的任务。比如参与清查核实土地、编制鱼鳞图册、带领民众开垦荒地，还有对乡里百姓进行“道德劝化”，甚至参加司法诉讼，做“陪审员”。这些职位都大有油水，即使没有油水，也可以对百姓呼来唤去，好不威风。

粮长还享有不少政治特权。比如粮长犯了一些罪可以罪减一等，乃至花钱免刑。《国朝典汇》载：“洪武八年十二月癸巳，上谕御史台曰：‘比设粮长，令其掌牧民租，免有司科扰之弊，于民便甚。自今粮长有杂犯死罪及流、徙者，止杖之，免其输作。’御史台臣言：‘粮长有犯，许纳钞赎罪。’制可。”这里的犯罪不包括以权谋私、贪赃枉法这些职务犯罪，只能赎免“杂犯”，但也是高人一等的。

粮长每一年还要由官员带领，送到京城“验明正身”，然后朝拜皇帝。乡下的土财主能见到皇帝，可谓荣幸之至，可以吹上一辈子的牛。这时，皇帝看了官员对粮长的考核报告之后，还会对优秀的粮长给予赏赐，有的直接封官。如浙江乌程人严震直，原先就是个粮长，进京述职时，朱元璋说他办得好，直接给了他个正五品的通政司参议。

明朝初年的粮长可谓是有权有势。自然是好差事，人人爱当，人人想当，当上的不会让给别家，希望自己子子孙孙做下去。所以粮长早期都是“永充”的。

中晚明“避粮长之役，甚于谪戍”

但是，到了明后期，做粮长却又变成了另外一回事。

明顾元庆《夷白斋诗话》中说，常熟有个暴发户，买了一大片田。这时来了一个道士找他化缘。土豪不肯给，道士就在他家墙上题了一首诗：“多买田庄笑汝痴，解头粮长后边随。看他耕种几年去，交付儿孙卖与谁?”你现在买田买地一个嘚瑟劲，以后做了粮长有你哭的时候。当时吴中人“畏（粮长）役如畏死”，宁死不做粮长。

晚明朱国祯的《涌幢小品》上说，“民避粮长之役，甚于谪戍”，还讲了个故事。长洲知县郭波和退休的老尚书刘缨有隙，于是就给刘缨家里的七口人安排上了粮长，老尚书知道后，居然活活被气死。

从人人趋之若鹜，到躲瘟神似的躲粮长，其中究竟发生了什么呢?

首先，是明代土地的不断兼并，贫富两极分化，但权贵有办法避税，导致公粮难收。

明朝养了一堆王爷，而且随着时间的推移，“大朱”生“小朱”，“朱”越来越多，皇帝都赠送土地。万历皇帝赏赐他的宝贝儿子福王，一次就赐地5万亩。湖北的楚王，地多得连湖北全省都装不下了，陕西固原都是他家的地。官僚和大太监也借着手中的势力，不断地抢占土地。嘉靖朝内阁首辅徐阶，在他上海老家，就圈了15万亩的地。这些权贵享有各种政治特权，可以减免赋税，甚至不必纳税，或者权势遮天，地方官府不敢收他们家的税。

乡间的普通地主，或买或抢，地也越来越多，他们虽然没有免税特权，但是他们却想着办法偷税漏税。办法就是勾结官府，搞“飞洒”“诡寄”，把自己家的地产登记到别人家名下，把税给逃掉。

就这样，富的人越来越富，穷的人越来越穷，可是富人不必纳税或不肯纳税，穷光蛋又交不起税。而且明中叶后，女真兴起、农民起义，朝廷需要粮食，需要钱，财政需求总额不降反升。粮长的任务指标加重，却没有办法完成，不少人只好倒贴自己的家产来应付。于是如朱国祯所说，“家有千金之产，当一年（粮长）即为乞丐矣，家有壮丁十余，当一年即为乞丐矣”。做粮长会做得倾家荡产，自然没人愿意做。

同时，粮长的特权逐渐缩小。粮长制度开始时，粮长统筹十里八乡粮食征收，权力很大，也有很多弊端。后来朝廷就把粮长职权给拆分了，有“催办粮长”“兑收粮长”和“长运粮长”，由一人包揽，变成数人乃至数十人分工。互相制约，互相监督，自然不好再伸手乱来了。

明成祖以后，粮长定期入京述职面圣的制度也逐渐废弛，做粮长见到皇帝被夸奖授官的机会也没有了。做粮长要赔钱，权力也小，原先乡里的土豪劣绅自然不愿做这赔本买卖，就互相把粮长差事推来推去，粮长由几家大户轮流来当。粮长也就由原来“永充”变成了“轮充”。后来又变成了全村人都要分摊的“朋充”。“朋充”的粮长就连小户人家也要做。于是粮长纷纷“告脱”，跑路去了。

朝廷也针对粮长的跑路，做了一些改革。张居正新政，搞“一条鞭法”，丁粮折成田税，田赋折成白银。一些地方，裁撤粮区，由里长收税。一些地方叫百姓自己交给官府，又变成官吏收税。一些地方粮长只管收不管运，或只运银不收粮。粮长人数、差事逐渐减少，粮长制也逐渐走到了历史的尽头。

朱元璋严刑治吏

黄　军

明太祖朱元璋对贪官污吏十分痛恨，打击贪官从不手软。据说，他称帝不久，即派人对中央各部及地方官员的廉政情况作系统的调查，并下令：凡官吏贪赃满60两者，一律处死，决不姑息!

1382年，有户部官员趁每年收核地方财政收支之机勾结地方官吏，虚报支出数额，损公肥私。朱元璋闻之大怒，下诏将相关地方衙门管印信的长官全部处死，副官各打一百棍充军边疆。

1385年，户部侍郎郭桓勾结各司郎中、员外郎及各地派到中央交纳赋税的官员，贪污国库钱财折合大米2400万石。朱元璋知后，急下诏将郭桓以及所有牵连此案的贪官统统处死，一次就杀了几万人。

据史载，朱元璋采取了不少办法肃贪反腐败。1385年，他下令对工部官员进行突击检查，发现工部侍郎韩铎、李桢及部属多领并克扣工匠工银。结果，几名赃官均被正法。1386年，礼部侍郎章祥伙同员外郎辛钦侵吞皇帝赏赐公主婚礼的银钱，建昌知县徐颐征收税粮贪污作弊，金吾后卫知事靳谦私吞军饷。朱元璋派要员核实情况后，下令严惩，他们均成了刀下之鬼。

为了严惩贪官，朱元璋把挑筋、断指、断手、削膝等酷刑都用上了。后来，他又发明了“剥皮实草”的酷刑，将贪官的皮剥下后，放入稻草、石灰，挂在其原任衙门的公堂上，使后任官员引以为戒。朱元璋还告示全国百姓，可以大胆举报有贪污行为的地方官，甚至可以捉住贪官解赴京城控告。他认为“为君之道，执赏罚二柄”，在严惩贪官污吏的同时，还奖励了一批廉洁奉公的清官。晚年的朱元璋编了一部《大诰》，书中收录了他亲自惩治贪官的案例及办案办法、处罚手段等资料。

牧羊人也会偷羊：古代避籍制度为何总失灵？

曾　勋

明末清初的思想家黄宗羲在《原君》中指出："后之为人君者……以为天下利害之权皆出于我，我以天下之利尽归于己……。"古代权力中枢将天下视为私产，而地方官只是他派到各地的"牧羊人"，异地为官的避籍制度根本目的，在于提防牧羊人偷羊。

虽然避籍制度对防范地方官腐败、防止地方势力坐大起到了一定的作用，但这种制度无法从根本上解决封建政治的弊病，有时甚至起到了反作用。避籍制度是如何失灵的？当下应该怎么反思其缺陷？针对这些问题，《廉政瞭望》记者专访了中国社会科学院教授于建嵘，国务院研究室中国言实出版社总监、传统文化学者王丹誉，知名青年学者、时评人羽戈，历史作家杜君立。

制度被人情与人性腐蚀

《廉政瞭望》：古代异地为官的政策，认为不避本籍会带来"州郡相党，人情比周""瞻徇之弊"等危害，在实践过程中，这套制度是如何失灵的？

于建嵘：在相当一段时间内，异地为官对加强中央集权起到了比较大的作用。大一统之下，中央派官员到一些少数民族或者偏远地区，起到了“改土归流”的作用，也就是说，那时不少边陲地区的首领，是由自己推选出来的土官。当地方官由中央政府任命时，那些地方逐渐得到开化和治理。古代的权力系统基本处于封闭状态，找不到监督的一方，儒家德治理想主义终究是无法遏制人性的贪婪。可以说，人治代替了法治，导致社会秩序遭到破坏，不管怎么异地调任，官员总会想尽一切办法捞取利益。

王丹誉：这一制度失败的另一个原因，我觉得是“人情”。比如，西汉从武帝时代，开始实行“征辟”制度后，宗室王侯之外的百姓才有了当官的可能。但是“选举”之权直接掌握在州郡长官手中，他们会按照朝廷的标准，很有倾向性地在自己治下，为朝廷和自己选拔官员。久而久之，他们治下就会出现人才辈出的名门望族——“郡望”。等到自己离任退休之后，当年受到自己选拔的官员，又以同样的方式来眷顾当年提拔自己的恩主的后人。于是，从选举征辟制度到后汉开始形成，恩主与门生世代关联，结成政治同盟。

这种结果是出现了地方豪强，开始架空中央。等到最高决策者发现时，一切已经不可挽回。

杜君立：中国自古是人情社会，尤其是农耕社会下，差序格局也影响到官场。这正像一些对中国古代文化有深刻研究的西方汉学家说的，“在中国，信任和承诺取决于私交，而不是契约或法律和其他法律文件”。即使不在故乡，一个人也很快会建立新的人际关系，或者说利益关系，比如同一年科举的同年关系，拜过同一个老师的同学关系，受过某人提拔的师生关系，来自同一个故乡的老乡关系，最普遍的是联姻关系，这种关系网构成一个利益同盟，至于在不在故乡任职，其实关系不大。

异地为官的逻辑经不起检验？

《廉政瞭望》： 汉朝建立之后，汉高祖刘邦认为异姓诸侯韩王信的封地是战略要地，将其封地迁移到太原以北的地区，这实际上也是异地为官的逻辑。有时候，异地调度反而激化了中央跟地方藩王的矛盾。是否可以说，异地为官的逻辑经不起检验？

王丹誉： 汉初大肆打压异姓王，从短期来看是好事，对于巩固汉朝统治，加强中央集权都有很大帮助。但不承想，按下葫芦浮起瓢，景帝时祸不出于异姓，而起于萧墙之内，宗室藩王之间，发生“七国之乱”。明朝成祖靖难之后，严苛诸王，不临民、不统兵，而以养尊处优，使明代中期以后，宗室不仅不能为朝廷效力，反而成为朝廷优养的沉重负担，最终把大明拖累至灭亡深渊。

任何一项制度在设立之初都有其合理性，同时，其自身的弊病也会日益暴露并且日趋严重。没有一项万能的制度可以解决所有的问题，只有一系列制度相互配合、相辅相成，最终才能让权力维持在一定的平衡之内。

杜君立： 每个王朝都面临一个最核心的问题，就是如何处理中央（朝廷）与地方的权重关系。司马光专门为皇帝编了一部历史书，叫《资治通鉴》，希望能从历史中吸取经验教训，但没有成功。

中央的利益跟地方并不完全相同，甚至存在巨大的矛盾，不说政治方面的利益冲突，仅仅在经济方面，中央多拿，地方必然就要少收。地方截留过多，中央财政（户部）就会捉襟见肘，负责国防的兵部、负责邦交的礼部和负责大型水利工程的工部等，就无力应付。对地方官的任职时间限制和原籍回避制度，其实都是为了防止地方利益伤及中央利益，这样做的结果是，地方利益长期受损，最后引发民变。民变不可收拾时，钟摆又摆到地方一边，一切以地方利益为重，中央财政面临亏空。

晚清时期，曾国藩的湘军和李鸿章的淮军就是中央给地方放权放水的结果，一心只为了剿灭洪杨民变，后来出现了对抗中央的东南互保。不过10年，就发生了辛亥革命，全国各地的地方官僚纷纷宣布独立。

异地为官更需“异体监督”

《廉政瞭望》：不少官员和皇帝都意识到了异地为官制度弊病丛生，司马光就多次上书建立地方官“久任制”，但没有取得进展。为什么这项制度一直没有废除，反而在封建社会的顶峰愈加严苛？

王丹誉：“五百里以内不得为官”这些制度在信息闭塞、交通不便的古代社会肯定是有积极意义。它是针对封建时代宗亲关系、同乡关系、同窗关系的社会关系网。从治吏的角度来说，这个制度在当时很有针对性和普遍的积极意义。至少在当时社会里，一个官员到外地任职所遇到宗亲、同乡、同学、同年终归要比在原籍地方所遇的绝对数要少得多，相对比概率要小得多。所以，可以从制度层面上不给官员提供徇私枉法的环境，从而大大减少官员滋生贪腐的可能。

官员与社会关系的勾结，在基层主要表现是为贪污腐败创造条件，而在朝廷这种情况就很容易结成政治势力来挑战皇权。从“朋比为奸”“党同伐异”这些表述也可以看出，当时朝廷把这种官员结成的社会关系网称为“朋党”。无论出于什么目的，无论是什么宗旨，“朋党”都是非正义、非法的。因为，它直接对皇权构成威胁，所以无论多么开明的皇帝都必须对此给予严酷遏制和打压。

羽戈：哪怕执政者洞见了异地为官之弊，非但无法废除，反而更进一步，这背后的原因倒也简单：因为没有更好的替代政策，或者说，两害相权取其轻。说白了，我们知道异地为官有问题，然而倘不推行异地为官，问题则将更大。古代执政者眼里只有利害，没有是非。

《廉政瞭望》：异地为官的利弊，给了我们哪些启示？

于建嵘：古代官僚系统自上而下的权力下放，注定了地方官只对上级负责，而不是对百姓负责。异地为官说白了还是官员监督官员的同体监督，所以出了很多问题，古代缺乏监督权既相互制约又相互协调的权力机构，也就是没有“异体监督”。

王丹誉：历史上各地方的土官世袭基本上比流官效果好，真正回避不是机械地执行异地为官的政策，而是用来掩盖深层次官商勾结、官官相护的沉疴旧病。

杜君立：“官无封建，吏有封建”，这句话基本概括了宋明以降中国政制的最大特点，即朝廷对官员严格的监督制度，使官员处于频繁调动之中，而吏则是从来不动的，而且一般都是世袭的。“官易而吏不易，足为政治之害”，在《红楼梦》中，作为官的贾雨村上任伊始，就被吏给上了一课。从中央到地方，高级书吏不仅“代官出治”，甚至说是“玩弄本官于股掌之上”，常被称为“师爷”。在古代，这叫作“无幕不成衙”；在现代，则被称为“秘书现象”。这些现象都值得警惕。

羽戈：异地为官属于看对了病，开错了药。但是这个药，在专制之下，无处可觅，故也不能苛责古人。问题的根源，不在要不要异地为官，而在怎么选拔官员：官从何来，来自强权，还是民意；官去何处，对拥有权柄的上级负责，还是对民众负责。

康熙用人的启示

习　骅

康熙二十一年（1682）六月的一天，两江总督于成龙向皇帝提了个过分要求：推荐比自己小 22 岁的也叫于成龙的一个人，接替病故的江宁知府陈龙岩。

按清朝官吏制度，地方官出缺的，地方首长可敦请朝廷补充缺员。但指名道姓、指定职位，还要由从五品越级提拔到从四品的，则极为罕见。

于成龙写道，陈龙岩忠诚可靠、廉洁自律。陈龙岩去世后，他顿感失去了左右手，而在两江辖区内，尚未发现合适人选。恳请皇上特事特办，召集大臣开会讨论，推出合适人选。

在报告末尾，于成龙点了一个人：像通州知州于成龙那样的官员，一定会脱颖而出。

于成龙动了吏部的奶酪，吏部自然不悦：“话说得很在理，但‘廷臣会推’知府，没有规定和先例，还是照章办事为宜。”

康熙帝浏览了报告，当场拍板：这事拖不得，“廷推”来不及了，就让通州的小于去吧。于是，江宁城有了两个于成龙，一时成为美谈。

小于到任后干得风生水起，官民口碑极佳。两年后，对他有知遇之恩的老于积劳成疾，溘然长逝。江宁百姓议论纷纷：小于前途到头了。

不久，康熙帝到江南考察官吏，亲笔题词送小于，告诉他：你的级别不应享有此等荣誉，但大家都反映你廉洁有为，故而得此荣誉。临行，他叮嘱小于永葆本色，不久提拔小于为安徽按察使。两年后，小于成了直隶巡抚，然后是左都御史，直至累死在河道总督任上。

康熙帝支持老于成龙的推荐，是有深刻背景的。康熙上任时，肩负着稳固政权的任务。从哪里入手呢？经过长期观察，他发现官员油滑懒惰、以权谋私、结党营私等现象非常严重，必须先抓吏治。

在康熙任内，共有500多名贪腐者受到法律制裁，6000多名无能、无为的官吏分别被免职、降级或辞退。

有破就有立。康熙积极扶持清官能吏，鼓励忠诚担当，甚至打破常规，树立崭新的用人导向。他一生公开表彰、重用、破格提拔官吏达700多人。

康熙帝为清官能吏遮风挡雨。他第五次南巡下榻江宁的龙潭，发现床上有些脏东西。大家都为负责接待的江宁知府陈鹏年捏把汗。康熙帝不动声色，工作间隙问一个孩子：“江宁有好官吗？”这孩子说：“有，陈鹏年。”

经查，康熙帝弄清了真相。两江总督打算向百姓增加赋税，陈鹏年死活不执行，两江总督便把他支去龙潭给皇上搞后勤，一为调虎离山，二为等着他犯错误。皇上身边人员总会悄悄向接待的地方官要钱，陈鹏年便假装听不懂。于是，零星的脏东西便到了皇上床上。后来陈鹏年升为河道总督。

康熙用人还有一大特点是注意保护官吏干事创业的积极性。小于成龙在治河问题上决策失误，与同僚激烈争执，造成了损失。事后小于很后悔，向皇上作检讨，皇上谅解了他，让他继续负责水利建设。结果只用3个月，小于便把桀骜不驯的浑河、无定河治理得服服帖帖。康熙帝很高兴，给这条河起名为永定河。经过一个甲子的不懈努力，康熙的清官能吏队伍蔚为壮观。

“用一贤人则群贤毕至，见贤思齐就蔚然成风。”为政重在得人，如何抓住用人这个“牛鼻子”，把锄草与施肥、“拔烂树治病树”与“植树造林”统一起来，涵养良性循环的官场生态，可以从清康熙用人的故事中获得启发。

乾隆情绪性治贪导致腐败愈盛

张宏杰

乾隆皇帝一生对腐败不手软，乾隆时期是清代诛杀贪官污吏最多的时期。当时发生的从二品级别以上官员贪污案30多起，其中杀头20多名，平均一两年即有一名军政大员因贪污而伏法，这在历史上是十分罕见的。至于从二品以下官员被砍头的，更是不计其数。其中仅乾隆四十六年（1781）的甘肃通省官员冒赈一案中，自封疆大吏至知县一级，就有近60人被处死刑，其中一次在菜市口就杀掉了20多人。

然而，乾隆晚年腐败愈加猖獗，一发不可收拾，虽诛杀不少高官，但收效甚微，一个重要的原因是他的情绪性执法。

乾隆皇帝在位期间反复宣称："劣员多留一日，则民多受一日之残，国多受一日之蠹。"传达出的信息是，他对贪腐是零容忍，实际上并非如此。乾隆是皇帝，但也是一个普通人，难免根据自己的亲疏好恶来进行判断，有时因人立法，庇护亲信，比如他处理云贵总督李侍尧的案件就非常典型。

李侍尧是乾隆年间的名臣，他聪明能干，深受乾隆欣赏，乾隆二十年（1755），30多岁的他即升为代理广州将军，从一品。此人善于讨乾隆欢心，具体说，是精于办贡。乾隆曾说过，臣下中，李侍尧和山东巡抚国泰所办贡品最优。

乾隆四十五年（1780），有人举报任云贵总督、大学士的李侍尧贪赃受贿，借办贡品之名勒索下属，按照数额，理当问斩。乾隆心知肚明，李侍尧受贿索贿有一个主要的动机是给他办贡品。于是乾隆就象征性地关押了李侍尧几天，又把他弄出来加官晋爵。

李侍尧一案“高宗怜才宥罪，执法不平”，人所共见。这相当于明确告诉天下臣工，是否贪腐是第二位的，能否得到皇帝的宠信才是最重要的。

事实上，乾隆对和珅的任用又何尝不是如此。乾隆皇帝晚年，难道对和珅那样明目张胆地贪污一无所知吗？当然不可能。但是他用得舒服，用得顺手，而且与和珅还是儿女亲家，多捞些钱，也是给了自己的女儿、女婿。在这种情况下，大臣们都认识到，在乾隆朝贪污罪是一个极具弹性的罪名，如果你处理好了和皇帝的关系，并没那么可怕。

从乾隆的一生来看，他执法更是存在时宽时严的特点。刚刚上位的时候，乾隆是一个非常宽仁的皇帝。在雍正的严刑峻法之下，一大批官员待罪狱中，更有许多官员因为要追赔贪污款项而倾家荡产、四处流离。

从“宽则得众”的原则出发，乾隆对那些受罚过重的官员都予以开释，比如著名将领傅尔丹、岳钟琪都因贻误军机被判死刑，乾隆予以释放。查嗣庭、汪景祺这样令人同情的文字狱要犯，已经被雍正处决，乾隆放回了他们被流放的家属。

这个举动，一下子赢得了官僚阶层的忠心。乾隆之所以如此宽大，是因为他认为经过父亲 13 年风霜之治，大清贪污腐败得到有效控制。当此时化严为宽，既可享受父亲严治的成果，又可享受百姓对自己的感恩戴德，何乐而不为？

然而到了乾隆十三年（1748），乾隆突然变脸，对官僚集团大开杀戒。当年，孝贤皇后去世，乾隆皇帝心情极差，以丧期剃头为由杀掉了好几个他不喜欢的高级大臣，因为其他小故被惩处的大臣更是不计其数。这是因为乾隆发现他的“宽大之政”，让雍正年间基本刹住了的贪污之风又开始抬头，出现了好几起触目惊心的贪污案件。于是他抛开了宽大仁慈的面具，拿起了父亲留下的屠刀和鞭子。

到了乾隆晚年，因为心态和性格的变化，他又一次恢复到“宽大”。大臣当中违法违纪现象越来越多，乾隆也懒得整顿，“今大员中，革职革任屡犯而从宽留任者，不可屈指数”。无数贪官逃过了法网。

忽宽忽严地治贪，在乾隆自己看来，是“宽严相济”，是“运用之妙，存乎一心”。但是客观上，这样做大大削弱了制度和法律的严肃性，使大臣们难免因此产生侥幸心理。反腐无定力，怎有长治之世？清朝的腐朽，由此而肇始。

乾隆：我不要你觉得，我要我觉得！

鬼子六

电视剧《铁齿铜牙纪晓岚》给人留下个印象，皇帝的工作轻松得很，想出宫跟玩似的，说走就走。乾隆带着和珅、纪晓岚两个人走南闯北，各种历险，好不快活。

虽历史肯定不同于电视剧，但乾隆皇帝六下江南，也是历史上出行次数很多的皇帝了。

秦二世而亡的教训

乾隆二十三年（1758），左副都御史孙灏上了个折子，反对乾隆皇帝出巡索约尔济。都御史是个监察官，本来就有义务挑挑皇帝的毛病，隔靴搔搔痒。孙灏这回批评了乾隆皇帝的作风问题，想把皇帝留在北京城里，没想到乾隆皇帝觉得“兹事体大”，跟孙灏杠上了。

孙灏反对皇帝外出视察的一个理由是，皇帝出巡就是为了看看美景，劳民伤财，于民生无益。

这不仅是孙灏一个人的想法，而是历朝历代文官的普遍认识。

中国的第一个皇帝就十分热衷外出视察。秦始皇自二十六年（公元前221年）统一六国，到三十七年（公元前210年）崩于沙丘，其间有不少于5次大规模的全国性巡游，每一次出游都带有众多的文武官僚和庞大的车马仪仗队，最终还死在视察的路上，结果给了赵高、李斯、胡亥可乘之机。不仅自己怎么死的说不清，就连自己的继任者到底是谁也迷雾重重，而这恰恰是关系江山社稷的大事。

本来皇帝四处视察，纵览名山大川，体察民情都可以说是为了江山稳固，但偏偏秦始皇死得不明白，秦朝二世而亡，非但没体现出来外出视察的好处，反倒跟危险联系在一起。

所以，当唐太宗由于身体原因想巡幸隋朝的旧夏宫时，大臣姚思廉不干了，指责皇帝“陛下高居紫极，宁济苍生，应须以欲从人，不可以人从欲。然而离宫游幸，此秦皇、汉武之事，故非尧、舜、禹、汤之所为也”。

贞观十一年（637），唐太宗想视察洛阳，魏徵也忍不住发话了。他讲得更明白，皇帝要外出视察，难免车驾要经过地方，地方官要想方设法讨好皇帝，准备接驾得铺张奢华，才能显示出下级官吏对上级的重视，这些都要转嫁到百姓头上，成为新的负担。

皇帝想要维持仁君爱民的名声，最好就乖乖待在都城，哪儿也别去。饱读诗书的儒家士大夫，活生生用“仁君爱民”的理念，捆住了皇帝外出视察的手脚，这不得不说是一种约束权力的枷锁。

只是到了清朝这套理念似乎不管用了，康熙、乾隆爷孙两个皇帝纷纷木兰秋狝、六下江南，比赛式地搞外出视察，也没见到对江山社稷产生多大的威胁。

游牧民族的突破

乾隆皇帝对汉族士大夫的批评有所准备，作为一个皇帝，我不要你觉得，我要我觉得！

他先搬出爷爷康熙皇帝热衷于木兰秋狝。巡幸狩猎乃清朝祖制，不是乾隆个人脑袋一热的举动，康熙皇帝的治理水平天下信服，孙灏否定巡幸，岂不是要连康熙皇帝也一起指责？

接着，乾隆又搬出来自己的政绩，“十全老人”的威名不是虚的，彻底肃清准噶尔的分裂势力，三军用命，君臣一体，也多亏平日多有巡幸，整饬武备。孙灏难道连乾隆皇帝的功绩也要否定？

这还不过瘾。乾隆又从根子上剖析孙灏的弊病，“如满洲身历行间，随围行猎，素习勤苦，故能服劳，若汉人则不能矣。虽由风土不同，亦由平日好自安逸之所致也”。从民族传统上反将一军，把孙灏对巡幸的指责，看作是汉人好逸恶劳不能吃苦的体现。

如此反驳，如泰山压顶，刀刀见血，孙灏听了恐再难劝谏。

不过，从乾隆的角度讲，他将皇帝巡幸的活动上升到国家战略安全上，确实是迥异于汉族士大夫的一种认识。

历数秦皇汉武、唐宗宋祖，中原王朝很少会将皇帝的巡幸视察跟国家战略安全联系在一起。出去走走就出去走走嘛，跟国家战略安全有什么关系？这个认识却与中国历史上的草原政权一脉相承。

具有草原游牧基因的王朝，往往不只是受儒家的观念约束，同样还受到草原习俗的深刻影响。较之于是否按照儒家士大夫的意识形态做事，入主中原的草原政权更看重能否保住辛苦打下的江山社稷，草原政权的军事性才是他们压制中原汉族士绅民众的法宝。因此，这些政权往往遵循着游牧部落的习惯，季节性地在不同的都城之间迁徙。

比如，契丹旧俗，随水草，逐寒暑，往来游牧渔猎。辽朝建立后，皇帝四季外出游猎，朝官随行，设行帐称“捺钵”。契丹国其实既有皇都，也有五京之制，然而契丹皇帝一年四季却巡幸于四捺钵之间，政务皆在捺钵中处理，捺钵之地实际上是契丹国的政治中心、最高统治者所在地。

这种诡异的制度安排在汉族士大夫看来如同儿戏，天子是天下秩序的中心，怎么能动来动去，到处乱窜？在草原民族看来，却是传承旧俗的体现。

元朝更是如此，蒙古贵族倔强地坚持着许多蒙古部落的习俗。每年阴历二三月，大汗的车驾离开大都，北行到上都，避开北京的炎炎夏日，恢复骑射生活，到了秋天再从上都返回，周而复始。

若此，从辽金元这个线索看下来，乾隆皇帝对于巡幸的坚持就可以理解了。

乾隆皇帝的杀手锏

这场争论好似针尖对麦芒。汉族士大夫有自己信守的理念，他们强调皇帝应该“居深宫，严宿卫，与宰臣谋治道”；而乾隆皇帝则从“天下虽太平，武备断不可废”的角度，将巡幸狩猎视为大清政权稳固的重要因素。

大家都有道理，谁也说服不了谁。孙灏说，索约尔济这个地方离京城太远，害怕出意外。这话本来是关心乾隆皇帝的“贴心话”，没想到气头上的乾隆劈头盖脸地问：索约尔济难道不是大清的国土？此番出行难道不是受到蒙古王公的盛情邀请？能有个什么意外？

孙灏的折子里提到“索约尔济非江浙胜地可观”一句话，又戳中了乾隆的心窝。这难道是在影射乾隆下江南是去旅游吗？乾隆可不这么认为，他一面强调游览江南风景名胜是奉了皇太后的旨意，尽孝道而已；一面强调自己下江南是为了查看民情、水利，心里想的还是百姓苍生。

乾隆下江南到底主要为了旅游，顺道办理点政事，还是主要为了办理政事，顺便旅旅游，这事可能只有他自己知道。

孙灏担心“随从侍卫官员人等长途费重，生计艰难”，这本来也是实情，乾隆依然不依不饶，又搬出了爷爷康熙做挡箭牌。先说当年康熙每年出巡二三次，那个时候的侍卫兵丁还不说苦，现在又是预先借钱给地方政府，又是中央专项拨款，给予充分的经费保障，地方官在康熙的时候都不叫苦，这会儿叫苦是什么意思？

这话其实站不住脚，康熙南巡时有“几项规定”，每次随行不过300人，甚至很多时候都是自己搭帐篷住宿。而乾隆南巡可不是一回事了，随从多达2500余人，每人配单马或双马，另外还有400辆骡车、800匹骆驼，纤夫达3600人。据统计，乾隆6次南巡花费总计白银2000万两，康熙所用的钱财不到乾隆的1/10。

孙灏说一句，乾隆怼一句，简直拉开架势在打嘴仗。但乾隆在最后进行了总结式发言：（孙灏）意将使旗人尽忘淳朴服勤之旧俗，而渐惟染汉人陋习，人人颓废自安。

这下完蛋了，孙灏只不过给皇帝的作风问题提了个小小的建议，结果被皇帝视为别有用心的敌对势力，代表着陈旧没落的汉族士大夫，要搞垮满人的立身之本。天大的帽子扣到了孙灏的脑袋上，孙灏找谁说理去？

自古以来向当权者提意见都让人头疼，本来表面上或许只是一件小事，可统治者的想象力尤其丰富。明明在劝诫皇帝不要轻易外出巡幸，而皇帝却能将之联想成对于大清朝立国之本的挑战，明明是在善意提醒，到了皇帝耳边就成了恶意批评。

若是遇到稀里糊涂的皇帝也就罢了，偏偏遇到的是爱较真的乾隆皇帝，激起了他“真理越辩越明”的兴趣。当大臣的，难道还真指望让皇帝输得心服口服？

从陆名扬之死看清朝的审判制度

陈　良

道光元年（1821）初夏，浙江巡抚帅承瀛给归安人陆名扬定下“纠约抗粮”“把持漕务”“逞凶拒捕”“殴官杀差”等罪名，并下令“即行正法，枭取首级，解回犯事地方悬竿示众”。行刑的那一天，不明真相的群众纷纷前往围观，争相目睹这个重案要犯的模样。殊不知，陆名扬与常人并无异样，看不出像一个凶神恶煞的“积惯地棍”。他面色苍白冷漠，淡定地引颈就戮，听任刽子手取下头颅。

在清代官方档案文献中，陆名扬被改名为吴明扬，并被描述为“积惯地棍”“首恶渠魁”，是一个负有前科、凶横残暴、欺制愚民之人。而吴明扬这个名字，也含有吴越人反清复明的意思，暗示其人包藏祸心。

清代学者、书法家包世臣曾实地探寻过陆名扬案原委，并写有《书三案始末·陆名扬》一文。在包世臣笔下，陆名扬则是一个非常正直的好人，被处死后，“归安、乌程、德清三县居民，醵金为都土地庙以祀名扬，以正法信至日开光，买香楮祭奠者，为之空市”。同是一个人，在两种文本里却判若两人。那么，陆名扬到底是不是罪人呢？还是让事实说话。

寒光闪烁的师爷刀笔

纠约抗粮，就是纠集民众抗拒缴纳漕粮，这在清代可是重罪。帅承瀛给陆名扬定此罪是基于前任巡抚陈若霖的文牍，追根溯源，是来自归安知县王寿榕的原禀，而王寿榕的原禀则出自湖州府署钱粮师爷王五手笔。据包世臣记载，将陆名扬改为吴明扬，说他“违禁演戏、纠约抗粮”，都是这个王五师爷的捏造。

清代漕粮一般以实物征收，也可以银子代替，并有一系列附加费，以弥补贮运过程中的损耗。附加费没有法定额度，征收多少完全由地方官吏掌控，很多州县官吏都喜欢在附加费上做文章，趁机发一笔横财。嘉庆十四年（1809），陆名扬曾抓住时任归安知县徐起渭的把柄，杜绝了乱收费，周边地区“群起效尤”，无疑减轻了老百姓的负担。但这样也断绝了大小官吏的生财之路，“府县恨名扬甚，而无可如何，每于上游前诉苦累，辄指名扬”。继任的王寿榕想要除掉陆名扬这块绊脚石，又拿不出他犯罪的证据，就只好刻意抹黑他，随意罗织罪名。

至于说“逞凶拒捕”，那是被迫的反抗行为，而“殴官杀差”并不属实。嘉庆二十五年（1820）十一月，时任浙江巡抚陈若霖奏称，府县捉拿陆名扬，“该犯竟敢鸣锣纠众，持械抗拒，将德清县差役殴伤多人”，“并用竹篙、农具戳打船只，该府方士淦坐船亦被戳漏进水”。翌年四月，新任巡抚帅承瀛接手此案，官方又这样记述：“鸣锣纠众，两次拒捕，戳翻差船，淹毙差役两命，并戳翻该管知府坐船。”官府以莫须有的罪名抓捕，激起陆名扬和村民的反抗，双方发生冲突在所难免。问题是，官府故意隐瞒或扭曲某些情节，从而制造陆名扬“逞凶拒捕”的假象。

根据包世臣的记载，知府的坐船是被吏役挤翻的。后来出版的《府（县）志》也证实了包世臣的说法，其中并没有“戳翻该管知府坐船”情节，更没有知府大人“失足坠于水”，二名差役混乱中溺水丧命的记载。

被蒙蔽的清官帅承瀛

陆名扬无疑是被冤杀的。耐人寻味的是，使之成为刀下冤魂的帅承瀛却是地道的清官。说他是清官，有两层意思，一是清廉不贪财，二是清明不昏庸。《清史稿》在其本传中称赞：“承瀛治浙数年，以廉勤著。”道光四年（1824），帅承瀛丁忧回籍，他名下经费的积余有8万两，衙吏告诉他，依照以往惯例，这银子可从库房提取，归其个人所有。帅承瀛拒绝提取这笔款项，把它捐了出来，一半用以疏浚湖泊，一半用以资助贫苦的读书人和鳏寡孤独者。

帅承瀛曾多次任钦差大臣，负责查办山西雁平道福海、陕甘总督先福等人的贪腐案，并巡按山东处理徐文诰案。徐文诰案是清代有名的冤案，徐家遭到盗贼抢劫，县太爷不去捉拿盗贼，反而设局坑害徐文诰，其中黑幕重重，冤情多多。帅承瀛受理此案，调派省府县官员三堂会审，终于使案情水落石出，徐文诰得以昭雪沉冤。有趣的是，包世臣的《书三案始末·徐文诰》也记述了此案。

同是一个清官，能昭雪冤案，也能制造冤案，这个问题值得深思。关于陆名扬案，《清史稿·帅承瀛传》有一段记载：“承瀛初至浙，诛名扬，后乃知由於官吏之酿变，深悔之。”帅承瀛深感后悔，说明他意识到自己错了，错就错在被前任和下级官吏所蒙蔽，换句话说，就是犯了官僚主义错误，没有深入调查研究，没有做到实事求是。

当然，若要深究的话，也不能全怪帅承瀛，清官尚且出现如此错误，说明制度安排上有问题。康熙五十一年（1712），康熙帝就将税负数额固定下来，强调“永不加赋”。表面看，清代农民的法定税负比较低，但实际税负却非常高，因为法定的税负只是上缴中央的皇粮国税，而大量的地方吏胥衙役都未列入财政预算供养，加上官员的薪俸和养廉银一般难以维持各种开支，所以地方政府主要靠介于合法与非法之间的“陋规”方式取得财政收入。朝廷对陋规收费的容许及制度上缺乏约束，使得“陋规”收费几乎都由州县官员掌控，人们只能寄希望于他们合理地、有节制地收取。如果政治清明、官吏清廉，民众的负担相对较轻；如果吏治腐败、横征暴敛，民众就会不堪重负，从而激起民愤、民变。

其实，陆名扬式人物的存在，有利于化解上述矛盾。如果容忍陆名扬代表民众与官府博弈，双方形成协商对话的机制，是可以找到兼顾双方利益的平衡点，让彼此各得其所、相安无事的。但大部分旧式官僚是不屑于与民众平等协商对话的，虽然古代乡村也有士绅精英，但他们往往充当官府的耳目或助手，而很少代表村民与官府博弈。陆名扬敢于抵制“陋规”，敢于与官府博弈，必定招致官府厌恶憎恨，也就落得含冤被杀的下场。

在古代，背负“纠众抗粮”罪名被处死的冤魂何止陆名扬一人。即便遇到清官，也可能含冤而亡。由此看来，清官固然可敬，也并非万能，真正可靠的应是好的制度与机制。

听懂权力的声音

张　鸣

晚清的总理衙门，是个奇怪的机构。从编制上讲，它是个临时机构，但自成立以来，管的事却越来越多。六部的所有事务，只要跟洋人、洋物沾边，它就得管。所以，作为行政中枢的军机大臣，要是不兼总理衙门大臣，就等于被架空了一样。自然，这个衙门管事的也多，总理衙门大臣少说也有六七个，多的时候，能有十好几个。跟军机处一样，总理衙门一般也有一个亲王兼任大臣，亲王大臣是作为惯例性的首领。

这样的衙门是办洋务，跟洋人打交道，虽没有沾染半点洋人的习气，但跟所有的晚清衙门一样，这里拖沓、推诿、讲形式、讲排场，有人吃饭，没人干活。每个跟总理衙门打过交道的外国使节，都对这个机构没有好感。其实，对待洋人，衙门里的人还是足够客气，只要人家上门办事，肯定预备果酒。无论来者是哪国人，衙门的大臣都笑脸相迎。当然，都是皮笑肉不笑，这种本事，衙门里的人早就练出来了。只是轮到办正事时，就难了。

在英国公使威妥玛的眼里，总理衙门的大臣都是些机械的木头人，一举一动全听亲王大臣的。亲王大臣说，大家就跟着说，不说，就全体沉默；亲王大臣说什么，大家就跟着说什么，一如一犬吠影，百犬吠声。1896 年上任的德国公使海靖，第一次进总理衙门，对其印象糟透了。他看到恭亲王加上 7 个上了年纪的总理衙门大臣，个个面目僵硬得吓人，就像戴了面具一样。这次会晤之后，海靖得出一个结论，说跟这些人根本没法谈正经事，但是他们能够听明白权力的声音，但也就如此而已。

海靖说到了点子上。事实上，不仅总理衙门如此，其他的衙门也一样，晚清衙门里的人，大部分的确只能听得懂权力的声音。换言之，跟权力相比，规矩甚至法律都是排在第二、第三位的。想要办好事，进行改革，单单制定一个法律，多半没戏，非得铁腕人物凭借生杀予夺之权，亲自推行才行。不雷厉风行地亲自推动，底下给你做点官样文章，应应景就已经相当不错了。更常见的是，这些衙门官员做坏事，以权谋私，认权不认人。下级到上级衙门办事，上级到下面视察或者出行路过，历朝历代都有规矩，该怎样办事，经什么手续，接待有何种标准，都清清楚楚，但从来没有人照章办事。真要是公事公办，下级到上级办事，肯定办不成。上级到下属地方视察，下级按规矩接待，多半乌纱帽不保。弹劾你的时候，没人会提接待这个茬儿，说的都是特别冠冕堂皇的理由。甚至见上级，进其家门还得给门子门包，不给，就不予通报。晚清庆亲王奕劻贪财，舆论反映不好，他自己亲自写了条子，贴在大门上：不收门包。但是门子照收不误。来人如果指着这个条子说事，门子会说：我们老爷不能不这么写，但您的钱还是不能省。

只要对方来头大，下级官员就难以抵御他们不法和非分的索要，更无法抵制来自上级的不合规矩的指示。办事如此，徇私如此，办案也是如此。历朝历代的冤案，多是权力干扰的结果，有时审理者明明知道此案有冤屈，但上级要求如此办，也就只能如此办。要想申冤平反，也只能等到“大人物”出面，凭借手里的权力才可翻案。也有人想按规矩办事，甚至试图抵制来自权力的不法的声音，但是这样的抵制，结果大多不妙。丢乌纱帽事小，丢脑袋，甚至牵连家人事大。像海瑞那样办了总督的公子，总督却拿他没办法的个案鲜有：一来是当时的总督胡宗宪还算是个明白人，知法懂理；二来海瑞也办得聪明，打着维护总督清誉的旗号办的这个事。

只能听懂权力声音的官场，实际上是一个人治的场。所谓官大一级压死人，一级压一级这不只在晚清衙门里盛行，更在封建社会里常见之。规矩、法律都是虚设，只有权力，才是官场中的硬道理，所以，晚清衙门里，这些官员最在意的就是权力。

贿赂的进化与嬗变

周绍金

“天下熙熙，皆为利来；天下攘攘，皆为利往。”逐利是“经济人”的本性，官员也不例外。对于官员而言，贿赂是其不正当收入的主要来源，也是官员乱作为、不作为的主要原因。研究清末官场陋规到如今官场贿赂的进化与嬗变，对于当前惩治腐败或许会有些参考意义。

从“敬”“仪”“规”到礼金和红包

清末官场上所谓的“敬”“仪”“规”，其实质就是贿赂。之所以加上“敬”“仪”“规”之类的字眼，目的在于使其带上“合法”的性质，使送受双方都心安理得。归纳起来，大概有这样一些形式：一是别敬，也称别仪，指外省官员进京引见、请训，离开京城时送给京官的礼物；二是冰敬，指外官夏天送给京官的礼物；三是炭敬，指外官冬天送给京官的礼物；四是节敬，指官员节日送给上司的礼物；五是喜敬，指官员在上司办喜事，包括生日、嫁娶、生子等时送的礼物；六是妆敬，送给官员女性眷属的礼物，也称妆仪；七是文敬，指送给读书人的礼物，也称文仪；八是漕规、到任规，指州县官在征收钱粮或新官到任时，送给上司的一笔银子。

现在官场的贿赂，有名目繁多的红包、礼金甚至奖金，逢年过节要送，外出考察要送，家里大小事要送，实在找不出名目，就给上级发奖金。其数额之巨大，触目惊心。由中国改革基金会国民经济研究所副所长王小鲁主持的一项调查研究报告《国民收入分配状况与灰色收入》称：全国城镇居民收入中没有被统计到的灰色收入总计高达4.4万亿元。安徽省濉溪县原县委书记唐怀民在谈到其“唐百万”绰号时说：“逢年过节，下面干部来我家，你总不能撵他出去吧？来看我，他总不能空着手吧？这么多乡镇、单位，一年收10万、20万也没什么奇怪的。”

从“耗羡”到回扣和手续费

所谓“耗羡”，指清末官员在征收田赋或银子时，要把粮食运输中和银子销熔时的损失计算加入正额收缴，加征的部分被称作“耗羡”，又称“羡余”“火耗”，是附加税。耗羡一般都进入官员私囊。雍正时规定耗羡归公，另给官员养廉银，各级官员任意加征养廉银，使贪污合法化。

耗羡的实质是官员通过手中的权力，以貌似合法的手段去聚敛钱财的一种形式。那些腐败官员，敛财形式之多，有回扣、奖金、手续费等；领域之广，从商业贿赂即可见一斑。一房地产公司老总说：“我在一块地上建10万平方米房子还是12万平方米的房子，由规划部门的容积率确定，如果一平方米是2000元，多一万平方米，便是现实的2000万元收入，我花多大的代价也愿意。”这仅是规划部门，还有其他部门。在贪腐之地，建一个楼盘，一路打点的费用要占到楼盘总成本的3%到5%。

从“印结”“花样”到“买官卖官”

清朝制度规定，凡外省人在京考试或捐官，都需要同乡京官出具保证书，保证考试或捐官的同乡“身家清白、人不虚伪”。保证书必须加盖六部印鉴。保证文书叫“结”，盖印的叫“印结”。因为同乡并不熟识，要得到印结，被保证人就必须出一笔银子，这是一种明目张胆的买卖行为。在京城，各省都设有一个印结局，公推年高资深者主持，凡入局为同乡出具印结的官员每月都可以分一次印结费。

清朝末期，官多缺少，候补人员多，补缺须排先后，除原有班次外，增加了“本班尽先”“新班遇缺”“新班遇缺先”等班次名目，作为补缺先后次序的标准，叫作“花样”。捐官交上六成银子就可以得到优先派缺。要想尽快补缺就得缴上银子，争得机会，这叫“捐花样”。

现在的买官卖官虽然还不至于如此明目张胆，但在用人问题上的贪腐程度，从一些民谣和媒体披露的案例中可见端倪。有民谣这样说：“不跑不送，原地不动；只跑不送，交流使用；又跑又送，提拔重用。”还有这样一首关于干部选拔的民谣：“年龄是个宝，文凭不可少，关系最重要，能力做参考。”安徽省“王氏权力家族”中的杨哲信在担任安徽省砀山县委组织部副部长两年时间里，就先后受贿228次，卖出69顶“官帽”，获利100万余元。

从“部费”到跑“部”钱进

所谓“部费”，是指清末中央部门索取的贿赂。一般来说，吏部索取补缺费和保奖费；户、工、兵三部索取报销费，原因在于各省要从军事、工程等经费中中饱私囊、以少报多，必须得到户、工、兵部的批准，因此得给三个部门的官员行贿。

从国家审计署原审计长李金华曾严厉斥责的“跑部钱进”的话语中可以警醒世人。李金华严厉地指出：“现在，各省市区、地级市甚至县都在北京设立办事处，有的驻京办目的就是跑‘部’‘钱’进。其任务就是跑‘部’，打探消息，看哪里有钱和项目，然后写报告、找关系，很多问题就此产生。”李金华幽默地把“跑”字做了这样的“解读”：“跑是一个足字旁，还有一个包，要带包去跑。谁跑得多，部委情况了解多，就可能多获得一些拨付款。”是什么包，公文包还是红包？耐人寻味。重要的是，不“跑”是不行的，用有的地方官员的话来说，是“小跑小发展，大跑大发展，不跑不发展”。

从贿赂形式的进化和嬗变可以发现，腐败这一政治毒瘤是多么的可怕。2007 年 6 月，《中共中央纪委关于严格禁止利用职务上的便利谋取不正当利益的若干规定》及“两高”司法解释的出台，彰显了中央反腐败的决心。我们有理由相信，我们的党定有非凡的智慧和毅力去惩治腐败，解决这一难题，治疗这一宿疾。

古代贪腐案例集

身陷囹圄时，他们怎么说

欧阳德祥

汉文帝时宠臣邓通富可敌国，拥有蜀中郡严道的一座铜矿山，自家采矿铸币造钱，有“邓氏钱布天下”之说。文帝崩，景帝立，邓通失宠免官，外放归家，“负债数巨万”，穷得只能借人家衣服穿，讨饭吃，流落街头，最后“寄死人家”，死在了别人的院落。邓通的遗言是：早知如此，我要那么多钱干什么？三亩薄田，即可管饱肚子啊！

西晋大富豪石崇，任南中郎将兼荆州刺史期间，靠劫掠往来商客敛财致富，建起豪华园林别墅金谷园；姬妾数百，包养美女绿竹；个性张扬恣肆，常跟皇家斗富。因与新贵孙秀争风吃醋，被抓。石崇自以为不过丢官遭流放而已，直到被押解至东市要问斩，方知孙秀不仅欲夺绿竹，更要占其金屋财产，叹曰：“奴辈利吾家财。”原来落此下场，不是美女绿竹惹祸，而是他的万贯家财惹的祸呀！一旁的小捕头问石崇：“知财致害，何不早散之？”石崇悔在心头，无言以对。包括石崇母亲、兄长、妻子、儿女在内的 15 人，当街同时被砍头。

北宋徽宗朝宰相蔡京，在任时设应奉局和造作局，专为搜集江南奇花异石。他贪玩好媚上，搜罗的古玩字画居多。宋钦宗即位，蔡京被贬海南，其两子被赐自尽。一路上，蔡京靠乞讨蹒跚而行，时已八十老翁矣。途中追悔一生，他写下《西江月》词一首：“八十衰年初谢，三千里外无家。孤行骨肉各天涯，遥望神州泣下。金殿五曾拜相，玉堂十度宣麻。追思往日谩繁华，到此反成梦话。”曾经呼风唤雨、不可一世，谁料到今日竟远赴天涯、骨肉相离，一切繁华，不过是春梦一场！

南宋右丞相陈自强，靠讨好实权人物韩侂胄而高升。他创设“国用司”，总揽财政，以国家名义中饱私囊，大肆收受下级贿赂，形成了一个贪官污吏的黑金网。韩侂胄一倒，陈自强案发，罢官削职，籍没其家，贬谪雷州。面对比死亡更难熬的流放，陈自强悔不当初，道：“事到如今，还有什么理由辩解呢？只好苟延残喘，自食其果吧！”言未毕，泪流满面。最终，陈自强孤独寂寞地死在广州。

乾隆朝权倾朝野的人物和珅，大权在握，疯狂贪贿约值 9 亿两银子，抵得上乾隆朝 10 年国家财政收入的总和。素有“和珅跌倒，嘉庆吃饱”的民谚流传。嘉庆帝执政，和珅被列 20 大罪状，原本要处以极刑，后恩赐其自缢，死时年仅 49 岁。纪晓岚的一段话实际上替和珅做了一段精彩的人生总结：“患莫大于有所恃。恃财者终以财败，恃势者终以势败，恃智者终以智败，恃力者终以力败。有所恃，则敢于蹈险故也。”

“老虎”动辄侵吞上亿钱款，有恃无恐。他们之所以目无法纪、大肆贪污，均是手里握有不加限制的特殊权力。曹雪芹在《红楼梦》里书有一联：“身后有余忘缩手，眼前无路想回头”准确地描述了人欲不满、跌崖悔恨的共同心理。古代的贪官和现代的贪官身陷囹圄时，心境大抵皆如此。

只打“老鼠”不打巨贪的晋武帝

陈　良

与历代封建王朝一样，晋武帝司马炎建立的西晋也存在严重的贪腐现象，而晋武帝也未能予以有效整治。究其原因，关键在于他缺乏消弭贪腐的决心，只是选择性反贪，避重就轻，打“老鼠”不打大贪官，以至于犯赃滥者充斥朝廷，竞相贪墨炫富，出现了历史上著名的斗富比阔的“太康奢华”之风。

“尚书郎以下，我无所纵舍”

泰始三年（267），司隶校尉李憙弹劾县令刘友、大臣山涛、宗室司马睦等侵占三更稻田，请求将其免职。山涛和司马睦，一个是武帝的亲信大臣，一个是宗室兄弟，司马炎不忍将他俩治罪，于是发布诏书：法者，天下之所以取正，必须不避亲贵，然后才能施行，我岂敢枉纵于其间！但案察此事，皆是刘友所为。应当严办刘友，以惩邪佞。至于山涛等人，如若下不为例不再犯错，可不必追究问罪。

不难看出，晋武帝诿过于小县官刘友，有意为权贵开脱罪责，只是惩小而纵大，纯属选择性执法。对此，司马光在《资治通鉴》中评论："政之大本，在于刑赏，刑赏不明，政何以成！晋武帝赦山涛而褒李憙，其于刑赏两失之。"

其实，避贵施贱、惩小纵大，选择性执法，几乎是司马炎在惩治贪腐上的习惯性做法。他曾公开表示，尚书郎以下，我无所纵舍。但是，对于位高权重的官员犯法，他却纵容包庇。综观史籍，就会发现诸多的此类事例。

司马伦（司马懿第九子、晋武帝叔父）为人贪婪，曾指使散骑将刘缉买通宫中工匠盗窃御裘。案发后，廷尉杜友依法判处刘缉死刑，司马伦同罪。有人认为司马伦是皇帝近亲，不可治罪。对此，谏议大夫刘毅驳议说：王法赏罚，只有不论贵贱，才可以齐礼制明刑典。司马伦明知御裘非常人所用，而隐匿不向狱卒供述，与刘缉既已同罪，可按亲贵地位评议减罪，但不能阙而不咎。晋武帝虽然赞同刘毅的驳议，但仍以司马伦为皇室近亲，特地下诏赦免了他。

中护军、散骑常侍羊琇，与晋武帝有旧恩，掌管禁军、参与机密十多年，恃宠骄侈，多次犯法。司隶校尉刘毅劾奏，应将他治罪处死。晋武帝随即指派齐王司马攸出面，为羊琇求情。都官从事程卫迅速驰入护军营，拿羊琇的下属问讯，查清其犯罪事实，向刘毅报告。晋武帝迫不得已，只好免去羊琇官职。不久以后，又让他官复原职。

侍中王戎出身于琅琊大族，为当时名士，曾接受南郡太守刘肇的贿赂，被司隶校尉纠察弹劾；王戎闻风而动，及时退还赃物。晋武帝庇护王戎，没有将他治罪，引起朝士非议。于是晋武帝对朝中大臣说：王戎的行为，岂能算是怀私贪得？只是不愿做异于他人的另类而已。作为皇帝竟然默许官场贿赂潜规则，真是令人匪夷所思。尽管晋武帝这样替王戎辩解，但王戎从此为清议所鄙，名声受损。

朝堂巨贪云集

晋武帝的庇护与纵容，导致吏治日益腐败，贪墨奢侈之风极为盛行，众多巨贪云集于朝堂之上。这些巨贪巧取豪夺，大肆聚敛钱财，以贪腐为能，以奢华为荣。

当时，石崇、王恺、羊琇等达官显贵热衷于炫耀，争豪斗富。石崇与王恺比阔，着实让人大开眼界。石崇乃西晋开国功臣石苞之子，石苞临死前将其财产分给诸子，唯独不予石崇。其妻为石崇求情，石苞说：“此儿虽小，后自能得。”

无论在地方还是在朝廷为官，石崇都表现得聪明能干，同时也很任性，行为不检点。他在荆州任刺史期间，不断掠取往来商人的货物，甚至连外国使者的贡物也强加劫夺，一路贪腐下来，竟成全国首屈一指的巨富。与石崇竞相斗富的王恺、羊琇均为皇亲国戚，凭借晋武帝的特殊关照，也就自然而然位居“巨富”行列。

客观地说，晋武帝算是颇有作为的开国君主，在平定天下、革新政治、发展经济、繁荣文化上都有建树。他前期厉行节俭，虚心纳谏，用人唯贤，励精图治。自平定孙吴统一全国以后，他则怠于政事，耽于游宴，纵情声色。其后宫妃嫔众多，佳丽数以万计，每晚上要临幸哪个妃子就成为头痛的问题。于是他想出一个办法，乘坐羊车在宫苑随意行走，羊在哪里停下，他就住在哪里。于是，宫人用竹叶插户，用盐水洒地，以吸引羊车停留。

太康三年（282）春，晋武帝“亲祀南郊”完毕，向刘毅询问：你以为我可比汉代哪个皇帝？刘毅当即对答：可比桓、灵二帝。桓、灵二帝非常昏庸，他们在位年间，是东汉最为腐败黑暗的时期。听到刘毅将自己比作昏君，晋武帝很不高兴，禁不住反问：不至于如此吧？我德虽不及古人，犹克己为政。又平吴会，统一天下，桓、灵二帝岂能与我相提并论。刘毅从容回应：桓、灵卖官钱入官库，陛下卖官钱入私门，如此说来，恐怕还不如。晋武帝面红耳赤，只好自我调笑道：桓、灵之世，不闻此言，如今我有你这样直臣，证明我胜过他们。

司马炎去世后，惠帝司马衷即位，宫廷内斗频仍，最终引发“八王之乱”，外族入侵，西晋王朝土崩瓦解。但西晋灭亡除了晋武帝错选接班人外，其他问题都可以归结为腐败问题。

晋武帝选择性反贪，纵容巨贪，致使腐败愈演愈烈。王公外戚也好，达官贵人也好，不仅攫取钱财，沉湎享乐，而且尔虞我诈，争权夺利。这些大贪官在危难时刻，只顾个人利益，相互残杀。《红楼梦》中贾探春说过：“可知这样大族人家，若从外头杀来，一时是杀不死的，这是古人曾说的‘百足之虫、死而不僵’，必须先从家里自杀自灭起来，才能一败涂地！”

西晋的灭亡，诚然如此。

盘剥无度的巨贪　被名优剥衣戏弄

辛　践

中国人在语言习惯上喜欢把“廉”“耻”放在一起使用，顾炎武在《廉耻》一文中说：“人之不廉，而至于悖礼犯义，其原皆生于无耻也。”为何这么说呢？顾老夫子指出：“不耻则无所不为。”纵观历朝历代，那些大贪巨蠹，无不是既无廉，又无耻，北魏大贪官尉景就是其中之一。

贪污受贿，三百民夫因他而死

南北朝是一个军阀割据的时代，也是一个权臣并起的时代。北魏末年，高欢带着尉景等一帮兄弟参加义军，随后他们又投靠官府，攻打义军，高欢集团在北魏分裂后控制了东魏政权。

起兵之初，高欢对贪腐的危害还是有清醒的认识，他表示：我做统帅，一定要纪律严明。他以身作则，行军路过麦田，怕践踏百姓的田地庄稼，他都是下马步行过去。不过，随着高欢的崛起，当初和他一起起兵的尉景也被委以重任，并晋爵为公。身居要职后，尉景就开始贪赃聚敛，引起了很多人的不满。

高欢接到尉景受贿的举报以后，非常生气，但尉景不仅是当初和高欢一起出生入死的兄弟，而且早年尉景还娶了高欢的姐姐常山君为妻。尉景对高欢还有养育之恩。高欢出生后不久，母亲就去世了，高欢的父亲属于那种“性通率，不事家业”的男人，于是年幼的高欢“养于同产姊婿镇狱队尉景家”。

对于对自己有养育之恩的姐夫，高欢也很无奈，每次收到对尉景受贿的举报，高欢也只能是当面责备他几句。看着高欢也没怎么责罚自己，尉景更加有恃无恐，继续大肆贪污受贿。高欢无奈之下，只好把他调到冀州担任刺史。

到了地方任职后，没有了小舅子高欢的监督，尉景更加肆无忌惮，不仅大肆收受贿赂，还大发不义之财。为了受贿、摆阔、耍威风，尉景还经常动用军队、民夫为其所用。一次，他动员许多民夫打猎，一下子竟然导致300 名民夫死亡，顿时舆论哗然，“尉景案”爆发。

毫无廉耻，遭连襟、艺人羞辱

“尉景案”爆发后，尉景治下的冀州怨声载道，北魏朝野上下对尉景也是一片指责，但因为他属于高欢集团核心成员，所以很多人是敢怒而不敢言。

尉景的行为不仅引起了高欢集团外的人的不满，就连高欢集团内的厍狄干也看不下去了。厍狄干与尉景都来自善无（今山西右玉县），算是老乡；厍狄干和高欢也是好朋友，3 个人算是当年一起打天下的铁杆兄弟；更重要的是厍狄干也娶了高家的女人——高欢的妹妹乐陵公主，所以厍狄干与尉景又是连襟关系。

像这种老乡、朋友加连襟的关系，本不应该互相拆台，但偏偏是这个厍狄干首先站出来表达了对尉景的不满。

一次尉景从冀州回京，高欢设宴，与厍狄干、尉景开怀畅饮，借着酒劲，厍狄干对高欢说他想要个官做。

此时的厍狄干也是位高权重，高欢奇怪地问他想要何官职。厍狄干回答，想做御史中尉。当时，厍狄干的职位已经高于御史中尉，高欢奇怪地问他为何要自贬。厍狄干爽快地回答，我做了御史中尉，才可以去捉拿尉景这小子！

尉景多次贪赃枉法，却依仗是高家亲戚而无人敢追究，对于厍狄干的这个请求，高欢立马会意，并与厍狄干相视而笑，一旁的尉景则是十分窘迫。

当时三人饮酒时，还有一个叫石董桶的俳优在场。俳优，是指古代以乐舞谐戏为业的艺人。高欢和石董桶颇熟，延着刚才厍狄干的讽刺，高欢让石董桶继续戏弄尉景。

石董桶上来就要剥尉景的衣服。尉景非常尴尬，生气地问：你这是要干什么？石董桶戏谑地说：你做官时要盘剥百姓，我为什么不能剥你的衣服呢？尉景颜面扫地，但有高欢在场，他只能是敢怒不敢言。一旁的高欢趁机敲打尉景，警告他以后不要再如此贪心了！尉景竟然狡辩：我也就在百姓身上捞点好处，你可是收取了国库税收的啊。高欢也只是笑而不答。

300 名民夫死亡一事，就算在这酒后谈笑中了结了。

晚年悔改，客死他乡

回去之后，尉景郁闷了很长一段时间，其行为也有所收敛，但不久之后又故态复萌了。他的所作所为引来满朝勋贵元老的不满。

行台郎中杜弼觉得朝中文武贪腐成风，特别是随高欢起兵的六镇武人更甚，百姓早就怨声载道。于是，杜弼正式向高欢提出意见，希望他能管管手下人。高欢不以为然，说：杜弼你过来，我和你说说吧！官员贪污腐败在历史上都是一种习俗，假如我操之过急地整顿法制，那么武将文臣都跑去依附对手了，我还有什么人才可以用呢？你的提议很好，但暂时缓一缓。可以说，正是高欢的纵容包庇，才让尉景之流肆意横行，无法无天。

等到高欢坐镇晋阳，世子高澄被推上前台担任辅政之位后，情况发生了转变——高澄展开了一场声势浩大的反腐运动。

很快，一大批贪官应声落马，尉景也没能幸免，他因为贪腐和隐匿逃犯而被捕入狱，按照当时律法，这次尉景要被砍头。尉景看到朝廷反腐是动真格的，害怕了，赶紧托人给高欢带话：阿惠儿啊，这小儿富贵了，想杀死我吗！阿惠儿是高欢的小名，听到尉景让别人带的话，想到尉景之前的恩情，高欢不禁“闻之泣”，心又软了。

但尉景的案子已经报给皇上了，为了救出尉景，高欢亲自进宫向皇帝求情：没有尉景，就没有臣的今天，请看在老臣的面上，把尉景放了吧！接连进了3次宫，求了3次情，尉景才得以从狱中被释放出来。

出狱后不久，尉景先是被贬为骠骑大将军，随后又被贬出京师，到青州担任刺史。

一场牢狱之灾，甚至险些丧命的经历，让之前一直自恃身份特殊而大肆贪腐的尉景警醒了，看来高澄的反腐是动真格的了，如果再不收敛，即便是皇亲国戚也难逃反腐铁拳。加之，年迈的高欢3次进宫求情，也让尉景被蒙蔽的廉耻之心有所觉醒。于是，到青州之后，尉景“操行颇改，百姓安之”。然而，上苍留给尉景的时间已经不多了，不久之后，他身患重病，客死在了青州刺史的位置上。

历史学家吕思勉这样评价："北齐基业，虽创自神武（高欢），而其能整顿内治，则颇由于文襄（高澄）。"可见，治贪不分时代，高欢纵容贪腐，才有了尉景这样的贪官；高澄严厉治贪，内务清明，值得镜鉴。

帝王家的亲亲策略

张　鸣

南北朝时期，梁武帝萧衍堪称一个老字，一口气活到86岁。要不是侯景把他活活饿死，他熬过90岁应不成问题，在皇帝群里，是可以当老大的。所以，北边的人，尊敬点的叫他老翁，不客气的，就叫他老儿。由于活得长，梁朝基本都是他当政。他死后，虽然还有几个皇帝，但都是一闪即逝。用他的话来说，天下自我得之，自我失之，又何恨焉？自己给自己挣了家业，自己再把它败掉。

然而，打天下那阵儿，萧衍也和众多帝王一样，准备建立万世基业。不过，他推行的是亲亲策略，爱自己家人。但凡萧家的兄弟子侄，一律身居高官，大权在握，即使贪腐也不影响官位。要是民怨沸腾，也只用家法处置，暂时去了官职，避避风头，过后还是高官厚爵。

萧衍的六弟临川王萧宏，率兵出征，一朝兵溃，单骑逃回，什么事也没有。过了一年继续做高官、掌兵权。萧宏还是个财迷，他府上有上百间库房，平时封得密不透风。有人向萧衍告发，说临川王库房里都是武器。这回萧衍有点怕了，借故亲自去库房勘察，发现里面全是钱，每一百万放一堆，总共有3亿多，珍贵绢帛也堆得到处都是。看过之后，萧衍根本没打算治他巨额财产来源不明罪，反倒夸奖他会过日子。这个兄弟“会过日子”，他治理下的百姓，日子就没法过了。

萧衍的亲亲策略，终于得到了他六弟的回报。萧宏被爱得不行，起了杀心，准备除掉梁武帝。一日，他打探好了梁武帝要去光宅寺上香，遂派死士埋伏在路上，打算行刺。结果，梁武帝临时改变了行程，谋刺未成。此事败露后，萧衍流着泪对萧宏说，他不学周公诛管叔，也不学汉文帝诛淮南王，免掉萧宏的官职了事。

对兄弟如此，对自己的儿子也这样。萧衍的第六子萧纶做刺史不仅暴虐，而且胡来，搜刮民财不遗余力，也做了不少令人哭笑不得的事。看人出丧哭得哀伤，他非要把孝子的丧服扒下来，自己穿上，学孝子哀号。梁武帝免了他的官，他就找一个干瘦的老头，穿上龙袍，扮作他的爹爹，按在上座，自己在下面磕头诉说自己如何无罪，然后把老头拖下来，并剥下龙袍，用鞭子抽打。都折腾到了这个地步，萧衍也没真动怒，就是暂时处罚一下，过后王爷还是王爷，刺史还是刺史。

皇帝作为最高统治者，其最危险的敌人，恰是自己家人。反正大家都是同一血缘，都有资格做皇帝。龙椅又没有刺，谁不能坐？帝王之家的父子兄弟，不似草根布衣，从小又不在一起玩耍，一出生就有各自的小家，奶妈、仆人一大堆，跟身边宦官的关系反倒比父亲兄弟还近些。不管怎么强调父慈兄友，最后也亲密不了。所以，无论萧衍怎么亲亲爱人，最后把他坑死的人，还是他的自家人。

侯景打上门，兵微将寡，威胁并不大。但被派去应敌的侄子临贺王萧正德，却暗中跟侯景勾结，致使都城沦陷。城破之后，萧正德第一个领人杀入宫中，要萧衍的脑袋，还是侯景拦住了他。如此深仇大恨，就是因为萧衍先前无子，立萧正德为太子。后来妻妾多了，梁武帝也有了亲生儿子，萧正德的太子就被废了。其实，萧正德不做太子后，萧衍待他并不薄，没想到却招恨到这个地步。

萧衍死后，侯景也死了，子侄们一片混战，赤裸裸地骨肉相残，萧纲、萧绎、萧纶、萧誉、萧詧打成一团。为了获胜，几乎每个人都引北兵入援，不仅祸害自家兄弟，而且祸害了一方百姓。结果，梁朝最后一个皇帝梁元帝萧绎被他的堂兄弟萧詧引西魏兵害死，而萧詧只能待在一座空城，做一个傀儡的梁王，不久郁郁而亡。

帝王家的骨肉亲情，无论怎么讲究，都离不开两个字：虚伪。把虚伪的道德强调得越声势浩大、涕泪交加，这道德背后的残忍，就越是凶猛。假的就是假的，无论过了多久，哪怕是一万年，都是假的。

北魏初期之怪现象：无俸之官，腐败之官

张　鸣

中国古代的俸禄制度，明朝的薄俸制最具争议。朱元璋推行薄俸制的初衷，跟他的出身有关，他对以往欺压自己的官员们非常痛恨，认为治理贪腐必须削减官员工资。

明代思想家顾炎武，拿明朝的官员薪水跟唐朝作对比，发现明朝的薪资是唐朝的十分之二到十分之三，而像这种低薪，养家糊口都有些困难。在明朝，出现过因为清廉而生活窘困的官员。

实际上，中国历史上不光有薄俸制，有一些历史时期，还曾经实行过无俸制。这些实行无俸制的朝代大多数都是由当时的少数民族建立的，鲜卑族拓跋部建立的北魏便是其中之一。游牧民族建立的王朝，一般都以战争抢掠为生，所以立国之初，北魏人根本不知道什么是俸禄。

当时北魏文武百官的生活来源，很多是朝廷赏赐的战利品。每当北魏王朝打了胜仗，那些随军将士和百官就过一次节。至于赏赐的内容，当然是抢到什么就赏什么，所以内容五花八门，既有金银器物、马牛猪羊、衣服首饰，还有俘获的人口，亦即所谓“生口”。

比如天兴二年（399），“破高车杂种三十余部，获七万余口，马三十余万匹，牛羊百四十余万头……班赐从臣各有差”。

泰常八年（423）四月，南攻刘宋后还军至晋阳，因为掠夺之物甚丰，所以“班赐从官，王公以下逮于厮贱，无不沾给”。这收入就有点不稳定，打了胜仗，上上下下都收获颇丰，打了败仗就可想而知了。

一打胜仗，就有大量女子玉帛可分，这种山大王式的生活听起来当然很刺激。但是也有问题，一是赏赐没有规律，二是分配严重不均，获得赏赐最多的当然是随军出征的将士及文武官员，留守的官员所获甚少，甚至根本捞不到。

这些留守官员的生活当然就会遇到困难。比如北魏名臣高允在任中枢机要官员中书侍郎时，“家贫布衣，妻子不立”，其家“惟草屋数间，布被缊袍，厨中盐菜而已”。出任机要，而家贫如此，可见北魏官员待遇水平是何等低下。这不是高允的个别情况，《中国俸禄制度史》记载“当时平城汉族文官因没有固定俸禄，又不能得到赏赐，以致衣食不足者，当不在少数”。

在这种情况下，大部分留守文职官员和地方官员的主要收入就靠贪污受贿、“刮地皮”。史载当时无禄之官，“率是贪污之人”“少能以廉白自立”，以至百姓视他们为“饥鹰饿虎”。

北魏太武帝时，公孙轨出任虎牢镇将，来的时候单马执鞭，离任的时候从车百辆，百姓登山怒骂相送。这当然是坏官。相比之下，当时所谓的好官也不过是手法比较“文明”而已。

文成帝时，崔宽任陕城镇将，因为国家不给俸禄，所以也不乏聚敛，但是聚敛之后，善于抚慰，且地方治理尚算有方，所以居然被称为“能政”，则北魏其他地方吏治可想而知。

地方官员的贪腐给王朝治理带来很多问题，他们过度剥削压榨百姓，侵夺民产，导致地方残破、民不聊生，甚至无力上缴国税。还有的地方民众逃亡、土匪横行、商旅不通，国家当然深受其害。

因此北魏前期，皇帝们经常下诏，痛斥各地官员的贪污不法。比如太武帝太延三年（437）诏书说："内外群官及牧守令长，不能忧勤所司，纠察非法，废公滞私，更相隐置，浊货为官，政存苟且。"

除此之外，为了增加收入，北魏的官员还与大商人勾结，通过经商牟取厚利。北魏前期虽然商业并不发达，但是官员经商之风却很盛。如上文所说，崔宽任陕城镇将，一方面剥削百姓，另一方面，因为贩卖漆蜡竹木之类的东西，由此所获不少。

官员经商，当然主要是利用手中职权，与富商大贾相勾结，垄断市场，强买强卖，谋取暴利。比如文成帝和平二年（461）诏称，有的官员做生意，获十倍利润。这哪是生意，简直是抢劫。所以官员们在分润自肥的同时，却导致地方上贫富差距不断扩大。

"人之贪廉，有天性。贪者，虽加俸而亦贪；廉者，不加俸而亦足。"清代嘉庆年间两江总督孙庭玉谈及俸禄与清廉之关系时说道。一味地将廉政归结于精神鞭策，而无视官吏之生活，体现的是体制治理的过犹不及。由此，事必反也。

张赦提纵妻受贿

陈 良

北魏太和年间某日，幽州刺史张赦提不得不亲手终结自己生命，因为他的贪腐事实已被查明，孝文帝赐他在家自尽。其实论罪行，他应该被处以大辟极刑；但孝文帝念他多次剿寇有功，还是格外开恩，特许他在家了断自身。

俗话说“好死不如赖活”。人之常情无不恶死乐生，行将了断之际，张赦提不禁泪流满面，心中充满愤懑与悔恨。他把妻子段氏叫到跟前，对她怒目而视，恶狠狠地啐道：“贪浊秽吾者，卿也，又安吾不得免祸。九泉之下，当为仇雠矣!”意思是说：你这个婆娘，以贪欲拉我下水的是你，让我不得安生招致大祸的也是你。我今天死不瞑目，到了九泉之下，也会视你为仇敌!

从英雄到贪官

张赦提为中山安喜（今河北安国）人，性雄武，有谋略，起初任虎贲中郎。当时京城郊区，有两个绰号叫豹子、虎子的匪首，善于骑射，手下聚集众多亡命之徒与彪悍牧民，到处为非作歹。他们常拿活人当靶子练习射箭，有时还把人肚子刺破，拉出肠子缠绕树上，再用箭射击，以此戏耍取乐。老百姓非常害怕这些匪徒，官府多次清剿都未能成功。

张赦提向朝廷建言，提出了一套剿灭匪寇的计策，宰司认为可行，随即任命张赦提为剿匪军将。张赦提选用精兵强将，向土匪进行拉网式搜捕，马不停蹄地追击，一举将匪首抓获，押送京城并斩首示众，京畿顿时解除匪患恢复清静，张赦提一时名声大振。后来由于多次立功，张赦提被提升为冠军将军，随后出任幽州刺史。

幽州为中国古九州之一，北魏时辖领燕、范阳、渔阳三郡，是北方的军事重镇、交通枢纽与商业都会。刺史，在汉代为监察官，后来演变为地方军政长官。张赦提担任幽州刺史之初，克己奉公，厉行节约，勤政亲民，颇有清名。但随着时间的推移，他不再严于律己，尤其是放纵妻子段氏，任由段氏借自己权势谋取私利，大肆收受贿赂。

无论什么事情，只有向她打点到位，事情才能办成；哪怕是僧尼“因事通请”，也得送人情。对于段氏的敛财，张赦提非但没有劝阻，反而顺水推舟。于是，张赦提的贪腐名声在境内流闻，百姓对他颇为怨恨。

悍妻诬告“巡视组长”

北魏是游牧民族（鲜卑族）所建立的国家，建国后很长时间，靠征战掠夺财富，分赏官兵，官吏没有俸禄。中原平定之后，战争逐渐减少，不可能再靠掠夺获取财富，于是官吏大多贪赃枉法，加剧盘剥百姓。孝文帝是一位英明君主，在位期间推行汉化运动，作出一系列重大改革。太和八年（484 年），北魏颁布俸禄制度，加大惩治贪官污吏力度。孝文帝发布诏书，规定自颁行俸禄之日起，官吏“赃满一匹者死”；与此同时，朝廷经常派遣大臣巡行州郡，采访地方情况，考查官员政绩。

当时，散中大夫李真香受命出使幽州，通过明察暗访了解到张赦提的贪腐事实，随即上奏朝廷。张赦提闻知情况不妙，终日惶恐不安，试图化装潜逃。其妻段氏宽慰他说：你不要害怕，我上面有人。我马上去京城活动，找人帮你申辩说情，会让你免于受刑。

段氏之所以有恃无恐，是因为她上面的确有人——其姑母乃拓跋丕的夫人，而拓跋丕系北魏皇室成员，爵位东阳王，官拜太尉，位高权重。

段氏来到京城，拜会了姑母，请人出谋划策。很快段氏向朝廷递交一份诉状，诬告李真香以前因事途经幽州，曾向张赦提索取好处而遭到拒绝，如今他借朝廷使者巡察便利挟嫌报复，擅自拘捕州府属吏，严刑拷打，逼取伪证，给清白的张赦提扣上贪腐的罪名。

由于事关重大，受理此案的大臣丝毫不敢懈怠。为了弄清真相，他安排一个叫赵秦州的官员前往幽州，进一步调查复核。赵秦州经过深入细致的调查，证明李真香所奏属实。于是，张赦提被判处大辟极刑。孝文帝接到奏报，既恼怒又惋惜。不过，孝文帝还是看他往日有功，让他在家自尽，尽可能死得体面一点。

自尽，对于张赦提来说，虽然比大辟要体面，但作为贪官被赐死，又能有什么尊严？

纵妻为贪，到头来沦为贪官被赐死，张赦提怎能不对妻子怨恨。

“苦行僧”的奢靡

押沙龙

梁武帝是一个奇特的君主。中国历史上有不少俭省的皇帝，但没有一个过日子过成他这样的。他一天只吃一顿菜羹粗米饭，穿的是布衣，挂的是木棉黑色帐，一顶帽子戴3年，一条被子盖两年，不喝酒、不听音乐。

这种日子不要说皇帝过，就是让乡长过都会觉得委屈。在南朝那个奢靡的朝代，梁武帝就是这么特立独行。

可你要说梁武帝俭省吧，也不对。有人奢靡爱饮食，有人奢靡玩古董，梁武帝奢靡的方式是玩两样大玩具，一个是战争，一个是宗教。梁武帝派20万人到安徽修筑浮山堰，想要用淮河水灌北魏的寿阳城。

梁武帝虔信佛教，说起他的慈悲，那真是动人。别说吃肉了，就连老百姓织锦他都不允上面有人和动物的图案，因为裁剪的时候也许会将这些人和动物的身体剪裂，他不忍心看。就这么一个“大善人”，却天天精神抖擞地研究怎么把满城人一网打尽，集体淹死。

浮山堰这个工程太浩大，役夫天天泡在水里苦干。好不容易修好了，谁料淮水暴涨，浮山堰忽然崩塌。据说崩塌声几百里外都能听见，沿淮河的两岸居民共十几万人被冲入大海。一个大玩具就这么玩坏了。

至于佛教，梁武帝玩得更加投入。他 4 次到寺里不出来，说是舍身为奴，非要国家前后拿出几万万钱给寺庙，才算替他赎身。几万万钱在当时几乎是天文数字。梁朝仅仅在首都就有十多万和尚、尼姑，光寺庙就 500 多所。

其中同泰寺里有 9 层宝塔，供十方金像十方银像。宝塔一夜之间被烧毁，梁武帝说魔高一尺道高一丈，要修 12 层的新塔去镇魔。人命和金钱被虚掷到这个地步，谁能说穿打补丁衣服的领导就不会奢靡？

在梁武帝这个“苦行僧”的领导下，南朝达到了奢靡的顶峰。整个国家在加速腐朽。他的亲弟弟萧宏府第如同皇宫，后院里头的女人上千，都是从全国各地精选来的美女。

萧宏最宠的一个女人叫江无畏，穿的一双鞋子就价值千万钱。萧宏喜好吃鱼头，每天光是鱼，都要给他准备 300 条。山珍海味堆满桌子，吃不完就扔。

奢靡风气弥漫朝野，当时有位名叫贺琛的官员曾经给梁武帝上书说：现在的社会奢侈腐化到了极点，人们竞相攀比。宴会上果品堆积如山丘，美味陈列如锦绣。一顿宴席要花掉一户中等人家的产业。这都是贪污来的钱啊，皇上，你要管管啊！

梁武帝看后非常气愤，不是气愤别的，而是气愤贺琛信口雌黄，污蔑政府。他下旨驳斥，说：人家自己赚的钱，自己拿来奢侈，有什么不对？

梁武帝难道真不知道那些钱从哪儿来的？他又不傻。他曾经闯到弟弟萧宏的库房，看到弟弟家的钱一百万是一堆，贴上黄标签；一千万钱是一库，贴上紫标签，数数竟有 30 多库。

梁武帝在宫里过他的“苦行僧”日子的时候，他的下属们正“孜孜不倦”将治下的人民“一网打尽”。贺琛说，外任的官员都比赛着搜刮，回到京城以后就比赛着奢靡，几年就把搜刮来的钱花得精光。这些官员就开始后悔，不是后悔花得太猛了，而是后悔当初在任的时候没有多捞点，下一次再赴任时他们就会吸取“经验教训”。

公元548年，北方叛将侯景带8000人渡江，王朝像纸糊的房子一样垮掉了。这是南朝历史上最大的一次灾难，梁武帝被饿死在宫内。他的下属们下场也很悲惨。许多人死于战乱，有的变成奴隶被带回北方，有的留在江南却找不到任何吃的，一个个饿得鸟面鹄形，穿着绫罗绸缎，怀里揣着珠玉，躺在床上等死。

梁武帝作为一个能在乱世中立国的皇帝，其能力是可圈可点的。但这种“自以为节俭”的作风又何尝不是一种掩耳盗铃、自作聪明？毛主席曾评价他“善摄生，食不过量，中年以后不近女人。然予智自离，小人日进，良佐自远，以致灭亡，不亦宜乎”。梁武帝的这种“节俭”实际上是一种权责错位的自欺欺人。作为一国皇帝，他理应知人善任，心怀百姓，却以“崇佛”为由荒废国家的治理，这样的国家岂能不亡？

用受贿来“自保”的兰陵王

四夕君　毛剑杰

电视剧《兰陵王》曾红遍荧屏，不少人都为“著名历史美男”兰陵王所倾倒。其实，兰陵王高长恭不光是历史上著名的美男子，更难得的，他还是历史上的名将。

血火中的阴柔美男子

高长恭，北齐神武帝高欢之孙、北齐文襄帝高澄的第三子。虽生于帝王之家，但其生母地位卑微，甚至连姓氏都不曾被载入家族史册。

但高长恭很特别，首先因为他是一个著名的美男子。尽管在《北史》《兰陵忠武王碑》等为数不多的正史材料中，也不曾详细记载他究竟俊美到什么程度，只是说“音容兼美”，不过从有限的材料中，我们还是可以大致揣测，他应该是长得很阴柔的那种美男子。

微妙的身世，加上父亲的早逝，养成了高长恭要强的性格。长得美不是错，让高长恭烦恼的是走到哪都引来男人嫉妒的目光和女人羡慕的眼神，他下决心要向世人宣告他不只是长得好看，所以苦练骑射武艺，力求在战功上取得突破。

段安节在其《乐府杂录》中记载称，他因为长相太过柔美，在战场上不足以威慑敌人，只得在每次出征时都带上狰狞的面具。

高长恭一生最著名的战役，是564年的洛阳邙山之战。是年，北周联合突厥向北齐发起进攻，十万大军重重包围洛阳城，高长恭奉北齐武成帝高湛之命，率领500名骑士，日夜兼程从晋阳赶赴洛阳前线。

军至洛阳城北，面对敌军数万，高长恭毫不畏惧，一路冲杀撕破敌军防线，竟杀破重围到达了洛阳城下。而后，北周军队出阵紧随兰陵王的军队，欲将其一举歼灭。眼见敌军越追越近，属下连声高呼兰陵王驾到，让洛阳守军帮忙抗敌，城中守军却因不知这位戴着狰狞铁青面具的男子就是高长恭而不敢有所行动。

高长恭取下面具，守军随即欢呼，士气大振。守军利用绳索垂下弩手，击退北周军，解救了高长恭的孤军。随后，高长恭成功替金墉城解围，北齐军大获全胜。

是役，士兵们为了歌颂他，创下了后世争相传唱的《兰陵入阵曲》。战歌起舞中，传递的是一个英勇善战而又内外美德兼修的兰陵王形象。这首曲子也当之无愧名列当年“十大金曲”榜首，成为北齐征伐必备的曲目。

自污其名，也是自保之道

邙山之战大获全胜后，兰陵王威名远扬，但他自己却深感惆怅——他于帝王之家长大，深知何为高处不胜寒。北齐一朝，历短短28年、六代君主，一直在阴谋和杀戮中更替，并且个个帝王都荒淫暴虐、多疑猜忌。

565年，此时的北齐皇帝高湛忽然宣布退位，继位的是10岁的太子高纬，皇帝不到 30 岁就要当太上皇，的确让人觉得不可思议。而 10 岁能当上帝国名誉元首，关键是有个好爹。

不过帝王之家，却视至亲如仇寇。身处其中又是高湛侄子的高长恭，自然战战兢兢如履薄冰。高长恭开始收敛行迹，夹起尾巴做人，不再出风头了。据《北齐书》记载，兰陵王在任职司州牧、青瀛二州刺史等地方官时，“颇受财货”，时常受贿。出身于权贵顶端家族的高长恭，锦衣华冠随手拈来，又何须贪得那些许钱财？

同样不解的属下相愿问他：您既然受到国家的委托，为什么要如此贪心呢？长恭无言以对，相愿继而追问：是害怕战功过高而震主，所以做令人看不起之事？被相愿提及心中苦楚之事，长恭随即流泪屈膝求问“安身之术”，相愿以“勿预事”答之。

勿预事，也就是不要干预政事，不再参政谋事。从此事看，高长恭并非不通政治谋略、不知自保的愚人。然而，他面对的君王高纬，是一个猜忌心起说杀就杀、既不念亲情也不通道理的昏君、暴君。

高纬养的牛马狗鸡，地位都和大臣们一样，他的爱马被封为赤彪仪同、逍遥郡君、凌霄郡君。斗鸡则得到了开府斗鸡、郡君斗鸡等封号。

有人告发高纬兄弟南阳王高绰的暴行：有妇女抱着小孩走在街上，高绰命人夺了小孩，丢给狗吃。妇女哭死了，高绰大怒，放狗去咬她，但这些狗可能是吃饱了，没有再咬。于是高绰把小孩剩下的血抹在妇女身上，刺激得狗们立即扑上去把妇女撕烂。

高纬听说这件事后的反应是：还有没有更刺激的？高绰说，把蝎子和蛆混在一起看它们互咬最爽。于是高纬派人连夜搜寻蝎子，好不容易找到两三斤蝎子，放进大浴盆，再绑个人扔进去，看人被蜇得狂吼乱叫。高纬直埋怨高绰：这么有趣的事，你怎么不早点想出来。

天颜何由可见

在高纬的逻辑里，任何得人心的文武大臣乃至皇族，都可能是潜在的篡位者。

高长恭尽管极力贪财自污，但作为北齐高氏中几乎绝无仅有的高洁之士，为将时，心系士兵，事必躬亲，细致到食物都力求分给每一名将士，深得人心。如此，纵使他做出自贬之事，高长恭依然难逃被猜忌的命运。当北齐后主高纬听着《兰陵入阵曲》，看着士兵对兰陵王的忠心不二，听着各处口耳相传的兰陵王的赫赫战功时，猜疑和妒忌的种子，便在这个多疑而暴虐的君王心中迅速发芽生长。

高长恭有过躲避，可是君主的疑心一旦被激起，又哪管你到底忠心与否，不得你长眠之讯，心中的猜疑只会越发汹涌。

大祸很快降临。随着高长恭战功的累加，他的威望越来越高，本来高纬跟这个堂哥关系还不错，哥俩有时候还在一起拉拉家常，坏就坏在关系好了说话就随便，说话随便了就容易说错话，高纬对高长恭的感情也逐渐从欣赏过渡到猜忌。

有一次兄弟二人在一起闲聊，高纬说：“哥哥你太猛了，带500人深入敌阵，这万一出点什么事怎么办?”

耿直如高长恭，听闻皇上对自己如此用心关怀，激动之情难抑，一句“家事亲切，不觉遂然”吐口而出。

说者无心听者有意，当时高纬就不乐意了：天下是我高纬的天下，啥时候成了你高长恭的天下了？他想的是：拥有兵权的兰陵王是否想取而代之，想把“国事”变成“家事”？于是叫人给高长恭送去毒药一杯。皇帝杀臣子何须理由？不过是“君要臣死臣不得不死”而已，不过是“雷霆雨露皆是天恩”而已。

武平四年（573），兰陵王被北齐后主命使者徐之范赐药鸩杀，死时年仅33岁。他死之前，烧掉了很多别人借钱的凭据，可见他根本不贪钱。

《北齐书》记载：长恭谓妃郑氏曰“我忠以事上，何辜于天，而遭鸩也！”妃还天真地说：或许是跟皇上有些误会，何不求见天颜？长恭唯有苦笑，说：天颜何由可见。

他愤愤不平，满腹委屈，但这个结果无法更改，他连解释的机会也不曾有，便死于帝王赐予的毒酒之下。

当然，暴虐的高纬，结局并不比高长恭好。高长恭死后4年，他和他的北齐王朝，便走到了末路。只存在了28年的北齐王朝，比高长恭更为短命。

在帝王之家，所谓“天家无亲情”，屡立大功的高长恭自然明白这个道理。他并非不通政治谋略、不知自保的愚人，于是夹起尾巴做人，甚至极力贪财自污，却终难逃遭皇帝猜忌、被迫自尽的命运。

唐朝卖官明码标价，高官权贵胆子为啥这么肥

九首诗

买官卖官的现象在历史上从未禁绝。元朝晋宗时，开始“入粟补官”，也就是把谷物交给官府，用来买官。“入粟”者能获得诸如“茶盐流官”和“钱谷官”的低级职位。明清时期，朝廷卖官被称为“捐纳”，无论怎么样，还算克制，买卖的都是七品以下的小官和吏员。更往前的宋朝，尽管卖官鬻爵，大都卖的也只是待遇，没有实权。

但有个不怕事大的朝代——唐朝，皇亲国戚把卖官做成了生意，因为卖官客流量大，权贵府邸门庭若市，成了自由买卖市场。由此闹出的各种“神操作”，为天下笑，亦为今人所不齿。

武则天的首席面首张易之、张昌宗有个弟弟叫张昌仪，因为得到皇帝宠信，这 3 个小男朋友大搞钱权交易，卖官卖得风生水起。

一天，张昌仪在上班路上，被一个姓薛的候补官员拦下，说是要跟他谈买卖。两人谈得颇为愉快，生意当时就成交了。这名候补官员奉上黄金 50 两，并提交了简历和请调申请书。

张昌仪立即安排时任吏部侍郎张锡落实此事。可张锡是个马大哈，不小心将这名姓薛的官员的材料搞丢了，只好硬着头皮去问张昌仪。

张昌仪一听就来火，直接㨃他说：我天天生意繁忙，收了那么多买官钱，哪里还记得住这个人的名字？所谓“收人钱财替人消灾”，我们还是想个法子把事儿摆平吧。两人一合计，把这次竞聘的60多名姓薛的官员全部提拔上去了。

还有一个叫崔湜的官二代，“吃软饭”吃出了新境界，靠着最有权势的女人上官婉儿、太平公主不断接近权力中央，最后当上了宰相。此人虽有文采，且仪表堂堂，但人品值得“商榷”。

崔湜当吏部侍郎时，他爹崔挹当国子监司业，相当于组织部和教育部的“二把手”的位置都被这父子俩占据。崔湜利用职务之便，大肆卖官鬻爵。有一次，当爹的崔挹收了一名候选官员的贿赂，不知道老爷子是头脑糊涂了还是收钱太多没有厘清，忘记把这事儿告诉管事的儿子。崔湜在审核候选官员名单时，将这名贿赂了崔挹的人给除了名。

事后，此人找崔湜讨说法，说：你亲人收了钱，你咋不办事啊？崔湜问：哪位亲人？一问之下，方知是自己的父亲没把事情办利落。崔湜卖官太狠，一年就把3年的官缺卖光了。作恶终有报应，崔湜最后在皇亲国戚的大乱斗中站错了队，坐罪流放岭南，途中被赐死，时年43岁。

如此乱来，可见当时官场腐败已经到了十分严重的地步，一些官员看不下去，终于在神龙元年（705）发动“神龙政变”，迫使武则天传位给儿子李显。

实际上，大开卖官先河的还不是张氏三兄弟和崔湜。高宗一朝，宰相李义府就开始做卖官生意了。凭着高宗和武后的宠信，李义府任相不久便“专以卖官为事”“贪冒无厌，与母、妻及诸子女婿卖官鬻狱，其门如市”。全家人一起出动搞卖官业务的阵仗，恐怕在历史上也是罕见的“盛况”。

卖官鬻爵的入政为官潜规则，在助高官权贵踏上致富之路的同时，“唯利是图”的选人用人也为其权力倾覆埋下伏笔。

唐中宗乱作为，暗许“斜封官”

陈　良

唐中宗李显曾经两度担任唐朝皇帝。第一次在位 36 天，旋即被废为庐陵王；第二次是在武则天退位后，名副其实做了 6 年皇帝。史书上说他无所作为，但细论起来，他还是有所为的，只是这些所为，基本属于乱作为——主要表现在徇私封官方面，短短数年违规“斜封”官员成千上万，以至于给自身和国家带来诸多祸患。

为身边女人批发官帽

一般人看来，古代帝王贵为天子富有天下，想给谁封官，就给谁封官。其实并不尽然，因为唐代制度比较健全，所有重大事项必须按规则与程序办理，并不是皇帝一人说了算。就官员任用而言，文官由吏部铨选，武官由兵部铨选，提名上报中书省，中书省草拟文书，送皇帝批阅裁定，经门下省审核副署，方可生效；门下省认为不妥，有权否决，驳回再拟。也就是说，官员任免权其实取决于中书门下两省长官（宰相）。唐代沿用了隋代创立的科举制度，官员的选用必须具备相应的任职条件，讲究选贤任能、论功行赏。

唐中宗任用官员，并非出于公心，而是徇于私情。他心知肚明，被他提拔的官员大多不符合当时的干部政策或任职条件，而中书门下二省的宰臣有制度意识、原则性强，加上他本人缺乏武则天那样的绝对权威，难以通过正常程序任命那些官员。所以，他采用变通手法，不经过二省而私自封官。由于底气不足，他所装置诏敕的封袋，不敢按常规格式封发，而改用斜封；书写“敕”字，也不敢用朱笔，而改用墨笔。当时，人们称之为“斜封墨敕”，所任命的官员叫作“斜封官”。据史料记载，唐中宗仅通过吏部员外郎李朝隐一人暗箱操作，就破格提拔“斜封官”1400余人。

刨根问底，唐中宗究竟为谁而徇私封官呢？

具体地说，主要是为了他身边的三个女人，皇后韦氏、安乐公主、昭容上官婉儿。

韦氏是李显原配夫人，李显幽禁于均州、房州期间，她一直陪伴着，两人患难与共，感情甚笃。武则天曾派使者前往探视，李显惊惶失措要自杀，幸亏韦氏劝慰，情绪才得以稳定。李显当时就对韦氏发誓：将来有幸重见天日，一定会让你随心所欲，不受任何限制。他是这么说的，也是这么做的。再做皇帝，他就听任韦氏弄权，无论韦氏要给谁封官，他都一概答应；不仅如此，哪怕韦氏给他戴绿帽子，他也睁一眼闭一眼，充耳不闻。

安乐公主是李显与韦氏的小女儿，出生于李显流放房州途中，姿色美艳，聪明伶俐。李显与韦氏对她十分宠爱，自幼听其所欲，无不允许，故而养成骄横脾气。中宗复位后，她恃宠骄恣，穷奢极欲，大兴土木，花钱如流水。她把卖官鬻爵作为敛财的渠道，大肆收受贿赂；随着胆子渐大，后来她竟私自起草任命官职的制敕呈送中宗，中宗不分青红皂白，欣然提笔签字，一批批“斜封官”就这样轻易出炉。数年间，她跃升为官帽“批发商”，史书称“宰相以下多出其门”。

上官婉儿曾是武则天身边红人，掌管宫中制诰多年，有“巾帼宰相”之称。中宗欣赏她的才华，仍以她为心腹，加封昭容，让她以皇妃的身份执掌机要文书，权势益重。只要打通上官婉儿这一环节，就能获得一官半职；崔湜容仪俊美，与上官婉儿“拍拖”之后，居然被提升为中书侍郎兼知吏部侍郎、同平章事（宰相）。

除了上述三人，还可以列出一串名字，如韦后妹郕国夫人，尚宫柴氏、贺娄氏，女巫第五英儿，陇西夫人赵氏，甚至包括上官婉儿母亲郑氏。这些女人，都与中宗沾亲带故，只要向其中某人行贿30万，就可以成为“斜封官”，享受唐朝国家干部待遇。

要官？要命！

毫无疑义，唐中宗违规任用官员，在当时就造成极为恶劣的影响，也给自身和国家带来极大祸患。就他自身而言，由于听任妻女卖官鬻爵，不断滋长她们的权欲与野心。尝到弄权的甜头后，韦氏和安乐公主的权欲急剧膨胀，不满足于借中宗名义封官，而是要直接走上前台，仿效武则天掌握最高权力。中宗绝未料想到，他所宠爱的妻女，不仅向他要官，而且向他要命。

中宗去世之后，李隆基发动政变，韦氏、安乐公主、上官婉儿均被诛杀，唐睿宗李旦即位。对于睿宗来说，前任所遗留的“斜封官”，无疑烫手山芋，让他左右为难。起初，睿宗采纳姚崇等人的建议，将所有斜封官全部撤职，致使那些官员牢骚满腹，怨言沸腾。于是有些大臣向睿宗进言：鉴于被解职官员心生怨恨，可能引发事变，为了安定团结起见，宜将斜封官妥善处理，一部分下岗分流，一部分量才叙用。

睿宗也认为，兄长前头做好人，自己后头做恶人，确实不太妥当，故而同意重新安置。但是，由于姚崇、宋璟被罢免，执掌两省的宰相韦安石、李日知徇私枉法，败坏纲纪，使得善于投机的斜封官大都官复原职。为此，又有大臣上疏指出：“斜封官皆因仆妾汲引，岂出孝和之意！陛下一切黜之，天下莫不称颂。一旦忽尽收叙，善恶不定，反覆相攻，何陛下政令之不一也！”这个遗留问题，使睿宗感到无所适从，压力很大。面对各种压力，睿宗最终选择了退却，让儿子李隆基坐上皇位，自己做逍遥的太上皇，至于斜封官等麻烦事，任凭儿子消化处理。

实际上，对于那些斜封官来说，虽然花钱获得一官半职，最终可能得不偿失。因为当时主流社会看重正途出身、正规任命的官员，而斜封官压根儿被人看不起，人格尊严自然低人一等；再者，随着最高领导人变换，干部政策也会随之改变，他们随时面临着被精简分流的危险，即便朝廷容许重新叙用，也得拿出“干货”、展现才能，不然就还得跑关系走后门，继续破费钱财，何苦呢？

两度为帝的李显，一生几乎毫无亮点。第一次在位受制于强势母亲做儿皇帝，无所作为，倒也情有可原。第二次在位可以当家作主，仍无所作为，着实令人遗憾。

唐代官场“两面人”结局如何

王丹誉

唐德宗时官至工部尚书的裴佶，曾对人讲了一个耐人寻味的故事——裴佶小时候，他姑父在朝为官，德高望重。一次，裴佶到姑父府中看望姑姑。正好，遇到刚退朝回家的姑父正在义正词严地大发感慨：崔昭算什么东西，官员们都称赞他，这肯定是因他给官员们行贿的结果。像他这么做怎么会不出事？

话音未落，他府中的门卫通报：寿州刺史崔昭前来拜见大人。姑父听罢雷霆大怒，举起马鞭就要抽打门卫。言外之意，这种坏人来访，你竟敢替他通报。过了好一会儿，他姑父才换上官服很不情愿地到客厅接见。片刻之后，他姑父就吩咐：快给客人崔昭烹茶，又命令大摆酒宴，亲自用美酒珍馔款待崔昭，还安排家人替崔昭喂马，给崔昭的仆从备饭。

和裴佶同在后堂的姑姑感到莫名其妙，夫君为什么对这位客人，开始那么凶，后来又这么热情？不一会儿，他姑父进了后堂，满脸得意，招呼裴佶到书房玩耍休息。裴佶出门还没有走下台阶，只见姑夫从怀中取出一张礼单，上面写的正是访客崔昭刚刚送来的官绝（可作货币流通的丝织品）若干匹。

裴佶姑父这样“前倨后恭”，前后判若两人，是一个活脱的“两面人”。像这样可笑的“两面人”在史册上屡见不鲜。

唐太宗、高宗时期，李义府表面上装作温和恭敬，和人说话总是面带笑容，但内心却特别阴险狡诈。位高权重时，总想让别人附和自己，若遇稍微不称其意的人，就极力打击陷害，总会给人“温柔一刀”。

《旧唐书·李义府传》记载：“故时人言义府笑中有刀；又以其柔而害物；亦谓之‘李猫’。”他靠“笑里藏刀”先博得太宗的赏识，后又得到高宗的信任，官至中书令。

李义府装作廉洁奉公，却授意妻子和儿子在外敲诈勒索，还随意封官许愿，以期收买人心。一次，他在朝会上看到一份拟任官员名单。他若无其事，回家后立刻让儿子把这批拟任官员找来，公开给他们讲：你梦寐以求想要升迁的官位马上将要实现，朝廷任命诏书随即颁布，我帮你们从中周旋，看你们该如何报答我？那些人见升官就在眼前，立时奉上厚礼。他既收买了人心，又发了一大笔横财。后来，所谓“多行不义必自毙”，李义府与其子还是难逃法网，被查没家产，发配边疆。

盛唐还有一个“两面人”，就是臭名昭著的奸相李林甫。他在唐玄宗时期，窃居相位长达 19 年。《资治通鉴》评价：“世谓李林甫‘口有蜜，腹有剑’。”他任宰相时，特别妒忌有才华的人，经常表面上装作和人十分友好，对人尽说甜言蜜语，私下却施以残酷打击陷害。

与他同朝的另一名宰相李适之，和李林甫同为宗室。李林甫就想夺去李适之宰相之职。他紧紧抓住李适之为人豁达的性格特点，给李适之挖坑下套。他装作诚恳的样子提示李适之：华山储藏大量黄金，若能开采出来，岂不是对国家的巨大贡献。

这个秘密玄宗皇帝尚且不知，李适之信以为真，赶紧跑去奏报玄宗。玄宗听罢，龙颜大悦立即找来李林甫商议。此时，李林甫却故作诧异地说：这件事，人所共知。只是，华山是帝王“风水”集中的“龙脉”所在，怎么能只顾赚钱而破坏“龙脉”呢？提出这个建议的人必定心怀鬼胎。玄宗因此就认定，李林甫真是一位忠君爱国的良相贤弼，反而怀疑李适之用心险恶，逐渐疏远，直至罢了李适之的相位。

“两面人”最后都没有好果子吃，李义府多行不义，最后被贬官流放巂州，忧愤而死；李林甫后被杨国忠诬告谋反，遭削官改葬，抄没家产，子孙流放。

北宋奢亡留警训

刘博文

在中国历史上，富庶的北宋王朝却被小小的金国困扰了一百多年，最后竟被金国消灭了。北宋与其说是被金国从军事上打败的，还不如说是北宋王朝统治集团无穷无尽的挥霍与奢靡耗尽了社会财富，最后由富宋强宋变成了弱宋，“内不安邦，外不抵金”，从而走向灭亡。

北宋王朝的开创者是中国历史上唯一没有经过战争而和平过渡取得政权的幸运儿。正因为没有经历战乱动荡，所以社会比较稳定，生产得到持续发展，使北宋开国初的几十年出现了国富民丰的大好局面。因此，统治集团总感到这一切来得太容易了，所以他们一方面提倡节俭“以备边费”，准备打仗；另一方面却在繁荣兴旺的盛世温床上大享太平清福，过着骄奢淫逸的日子。宋太祖赵匡胤在开国之初大力提倡清廉俭约，使五代十国时期遗留下来的荒淫奢靡之风得到扭转。可惜的是这位“点检作天子”的皇帝在清廉这个事关大局的问题上做得很不彻底，甚至有点两面派的味道。赵匡胤为了防止王公贵胄、功臣宿将夺取他的权力，曾多次在群臣面前说：你们要多择好田宅市之，为子孙立永久万世之业；多置歌儿舞女，厚自嘻乐，以终天年。这就等于公开告诉群臣：你们尽情地享乐吧，只有这样你们才不会夺取我的皇权。属下心知肚明：皇帝让我们享乐，我们何乐而不为呢？从此以后，北宋的君臣上下就在这种俭约与享乐的矛盾状态下挣扎着，后来越来越滑向大肆享乐的旋涡而不能自拔，一发不可收拾。

据史载，到宋真宗以后，奢靡之风大开。宋真宗极端奢侈腐化，他特别迷信道教，下令全国大修宫观寺院，几年时间竟修了三万多座十分豪华的道观，耗尽了人力物力。他为了“天书封禅”泰山，再次动用全国的人力物力，大肆搜集珍奇异宝，仅礼仪司王钦若一人就进献了三万八千多株灵芝草。

可以说北宋的“积贫”始于宋真宗的奢华，在宋仁宗、宋神宗和宋哲宗朝近百年间大肆蔓延。到宋徽宗时期几乎蔓延到朝廷上下各个角落。宋徽宗风流放荡，治国安邦无能，贪图享乐却极尽能事。为了满足他那极度膨胀的皇权欲，他下令专门成立了一个应奉局，组成了一个专门班子，在全国各地特别是在南方各地大规模地搜集奇石花树，用特制的大船编队水运至宫中供其享乐观赏。天下出现了官员及投机钻营之徒争献花石邀功请赏的奇特景象。为了获得更多的宝物，佞臣与官军费尽心思，只要发现宝物就不顾人民群众的死活，更不惜花费人力物力特快运送到京师。皇帝如此，大小官员纷纷效仿，建造园林，装点花石，极尽享乐挥霍达二十年之久。

奢靡之风日甚一日，长年累月持续下去，使北宋由富强而“积贫”。而这种贫并不是真正意义上的贫，完全是人为造成的贫——国家收入再多，也难填奢侈浪费的无底洞。奢靡之风的形成，成为一种巨大的潜流，严重阻碍破坏着社会的发展，使北宋的财政由充盈到不平衡，最后产生了严重的亏空危机，民不聊生，军备废弛。奢靡之风严重败坏了社会风气，腐蚀着广大官吏，贪污腐化、卖官买官、挥霍浪费横行，丧失了民心，终于导致了北宋由富强到“积贫积弱”，以至于灭亡。

北宋的灭亡，留给人们诸多深沉的思考。这说明：腐败奢侈必亡，廉政勤俭兴邦！

官迷心窍被罢官

口　天

宋太宗太平兴国年间，曹彬任枢密使。弭德超想得到这个职务，就挖空心思诽谤曹彬。宋太宗顾念戍边士卒的劳苦，按月赐给银子，军中称为“月头银”。弭德超编造谎言，向宋太宗报告说：曹彬长期执掌军政大权，善于笼络军心。臣下刚从边塞上回来，戍边士卒都说“月头银”是曹公给的，没有曹公，我们肯定饿死了。太宗逐渐怀疑曹彬，不久罢免了曹彬的职务，让他当天平节度使兼侍中。

弭德超看到曹彬离开枢密院，心想枢密使一职非自己莫属了。然而，宋太宗只任命他为枢密副使，而且同时升任枢密副使的还有王显。弭德超目的没有达到，心中愤愤不平。一天，他辱骂王显和班位在他之上的柴禹锡说：“我言国家大事，有安社稷功，止得线许大官。汝辈何人，反居我上!”又言：“上无执守，为汝辈所惑。”王显等人将此事报告太宗，太宗发怒，命令有关部门审讯，弭德超全部供认，最后被削除名籍，流放琼州。

职务升迁要靠真才实学，靠政绩，靠贡献，不能走歪门邪道。像弭德超这样，官迷心窍，心术不正，为了升官不择手段，达不到目的就牢骚满腹。怨上骂下，最终只能落个身败名裂的下场。

丁谓：从能吏到“五鬼”

晏建怀

北宋奸臣排行榜上有“五鬼”，奸邪险伪，分别是王钦若、丁谓、林特、陈彭年、刘承珪。其中，又以丁谓最为臭名昭著。

丁谓为士大夫所屡屡诟病的不耻行径，大致有如下几点：一是劳民伤财，为皇帝“东封西祀”筹措经费；二是曲意逢迎，大营宫观，助长了皇帝的奢靡之风；三是宋真宗过世后，勾结宦官把持朝政；四是设计阴谋，迫害寇准、李迪等国家忠良；五是在建造宋真宗陵墓过程中，默许山陵都监雷允恭擅自改变陵墓地址，负有领导责任。

北宋民谣说：“欲得天下宁，须拔眼中钉。欲得天下好，无如召寇老”。当时的老百姓已经把寇准和丁谓树成了正邪两个极端的典范。

其实，丁谓在最初不仅不是一个奸臣，反而是一个才华横溢、满腔热忱的读书人，是一个有志于社会、救民于水火的有为青年，也是一个精明强干、德才兼备的好官。

先说他的“才”。丁谓与诗人孙何是好朋友，当年二人以诗文拜会文坛泰斗王禹偁，王阅后惊异于二人的才华，赋诗感叹道：“五百年来文不振，直从韩柳到孙丁，如今便可令修史，二子文章似六经”，把二人比作韩愈、柳宗元，说他们的文章“似六经”，年纪轻轻就

“可修史”，给予了极高的评价。

《宋史》中说丁谓聪明、机智、健谈、幽默，千字文章一见成诵，琴棋书画无所不通，是千百年来难得的全才。宋太宗淳化三年（992），丁谓参加科举考试，一路过关斩将，最后在殿试中荣登二甲之首。在这种全国科举大考中，能考到第四名，当然是顶尖人才。

再说他的“能”。宋真宗咸平三年（1000），益州王均领兵叛乱，朝廷调集施州、黔州、高州、溪州等地蛮族子弟剿匪，结果匪没被剿灭，这些蛮族子弟却反戈相向，自己占山为王成了土匪。朝廷紧急安排丁谓牵头处置，面对这群凶神恶煞之徒，丁谓不但没有兵戎相见，反而轻车简从进入土匪窝，向土匪首领宣讲朝廷的安抚政策，承诺只要及早回头，朝廷既往不咎，同时还送给他们许多锦袍、银帛。丁谓凭借三寸不烂之舌，终于说服了土匪，他们答应洗心革面，还立了一个高高的“誓柱”，誓言永远效忠国家，贡奉朝廷。

丁谓担任过多年的财政官员，是财政管理方面的一把好手，堪称理财专家。当时，全国赋税政策混乱，各地随意加码，征收标准不一，百姓苦不堪言。丁谓任三司使后，专门就全国赋税情况开展调查，并结合实际情况，编订了一本《会计录》，确定了赋税基数，稳定了税额，结束了财政管理长期混乱不堪的局面，安抚了百姓。宋真宗办大事要花钱，往往也先问丁谓，如“东封西祀”这种典型的“烧钱”活动，他就是先从丁谓那里得到肯定回答后，再拍板决定的。

关于他的“德”。宋真宗景德元年（1004），契丹20万军队南侵，一路烧杀抢掠，黄河北岸的百姓纷纷弃家南逃。每天抢渡黄河的百姓成群结队，艄公们乘机提价，准备大发“国难财”，百姓因无钱渡河，不得不大批滞留。

丁谓作为当地行政长官，决定特殊情况采取特殊措施，他安排人从监狱中抓出几名死囚，假装把他们当成随意涨价的艄公，斩首于黄河岸边。那些摆渡的艄公一看就吓得半死，再不敢涨价，百姓终于顺利撤离。丁谓作为一个手无缚鸡之力的书生，毫无战争经验的文官，面对强敌压境，没有慌乱，而是想方设法保护百姓，人品才干均值得称道。

但这样一个人为何后来成为一个当时挨骂、后世挨批的大奸臣呢？丁谓的确有才能，也正因为才能卓越，所以仕途上春风得意，是当时不可多见的成功人士。但却易膨胀、好冒险，为了私欲不择手段。丁谓通过献媚皇帝、迫害忠良向上爬，就是私欲膨胀的表现。

宋真宗好大喜功，生活奢华，丁谓投其所好，通过劳民伤财来不断满足皇帝的欲望，为作恶埋下了伏笔。宋代有个不成文的规定——“南人不能为相”，丁谓是苏州人，又以非常手段登上了相位，在以北方人为主的官僚阶层中，自然成了众矢之的。权力斗争又如同磁场，丁谓陷入权力倾轧的旋涡而不能自拔。

纵观丁谓的“成鬼”之路，与时下“能干”的贪官们忏悔书中的腐败历程，又有几多相似之处，令人感慨万千。

清官也得家风正

毛剑杰

清官的子女历来难做。

包拯的次子包绶47岁时，身染重症死在赴任途中。人们打开包绶的行李，发现除了任命状、书籍、文具、著述之外，衣袋里只找出46枚铜钱，于是人们猜测，他是连病带饿而死的。

其孙包永年，为官也清廉，死时照样身无分文，丧事还是两个弟弟出资为其办理的。死时人们“相顾嗟叹”，并称誉说：“包公之后，信乎有是贤孙也。”

严厉的“家法”

清官自身操守坚定，但如果妻儿、部下贪心，夫人子女整天念叨好吃好喝、穿金戴银，并与他人比较，说某官现已置下绸缎铺、木材行等，清官是否能不动心？再者，亲情面前，清官是否会心软，为了家人子女的物质富裕而最终放弃自己的坚守？动摇的官员其实不在少数。显然，清官日常生活的小环境也很重要。

正因为如此，不甘沉沦于腐败泥淖的清官，不得不挖空心思安抚子女。明代陕西山原人王恕，历任刑部侍郎、左都御史、吏部尚书等职，掌权50余年，其为人刚正清严，终生如一。

王恕的儿子常为穷困发愁，王恕就对他说：你怕穷是不？咱家历来有积蓄，不需要做官时像粮仓里的老鼠那样。他引其子到后宅，指一处说：这里是藏金的地方，有一窖金。指另一处说：这里是藏银的地方，有一窑银。但他死后，其子去挖掘，“皆空窖也”。

唐代房玄龄深得李世民的信任，其女为王妃、子为驸马。他经常告诫子女，切不可骄傲奢侈，为此，专门搜集古今名人家诫，逐条抄录在屏风上，让子女们各取一套，时刻用这些家诫来约束自己和家人的行为。

北宋司马光则写了不少家训，如《家范》《居家杂仪》《训子孙文》《训俭示康》等，“由俭入奢易，由奢入俭难”就是他提出的千古箴言。

清代清官张玮曾经慨而言之：“为清官甚难！必妻子奴仆皆肯为清官，而后清官可为，不然则败其守矣。”

照样有扶不起的“二代”

当然，清官的子女也确实并非都能坚持操守，如狄仁杰的儿子狄景晖。唐代的御史监察制度，使得唐朝前期政治大体上还算清明，但也不乏贪污腐化之官、横行乡里之辈，狄仁杰的儿子就是其中之一。

狄仁杰本人虽然是个疾恶如仇的清官，但他对子女的教育工作相当不到位，狄景晖就是个胡作非为的贪官，为人贪婪残暴，特别是在升任魏州刺史之后，更是生活不检，激起了当地群众的严重不满，而那里正是狄仁杰曾经出任刺史的地方。

当初，狄仁杰担任魏州刺史时，因为政绩卓著，百姓为他建立生祠。后来，由于狄景晖杀人放火无恶不作，魏州人民不敢跟他对着干，就以捣毁狄仁杰的生祠发泄，狄仁杰的塑像被砸得支离破碎。

狄仁杰知道狄景晖的所作所为后，非常气愤，断然罢其官职，停其俸禄。不少大臣一再为狄景晖说情，希望狄仁杰给儿子一个知过改错的机会。狄景晖也跪在父亲面前挥泪求饶，并表示要重新做人。但狄仁杰仍然坚持贬子官职不变，并语重心长地对儿子说："贤者当举，贪者当罚。这是用人之道，兴邦之法。"

又如中唐名相李泌，是传统士大夫"出则为帝王之师，入则为高人隐士"的典型。他谨慎自爱，刚正不阿，称得上是高风亮节的贤相。可他的儿子李繁，却堕落为一个与奸相裴延龄里应外合的党徒。

忠臣陆贽弹劾裴延龄这个无耻佞臣，让李繁起草奏书，然后自己亲笔改定。这小子将全文默记在心，然后偷偷地先去报告裴延龄，使其得以先下手为强。还未等陆贽将参奏之书送呈御鉴，裴延龄就诬告陆贽要发动兵变，使陆贽全家被害，并致使无数人遭难。

"蓬生麻中，不扶而直；白沙在涅，与之俱黑。"清官能吏在外如何可见其行事心性。但在家中，如果不正家风，不正教育，那么仅凭其在外的清廉声誉也很难给子女亲眷营造好的家庭环境。无论官做得如何，都不能轻视对下一代的清廉教育。

苏舜钦冤不冤

白　羽

范仲淹《岳阳楼记》首句就写道："庆历四年春，滕子京谪守巴陵郡。"这一年，即1044年，副相范仲淹正主持庆历新政；下放岳州的滕子京在筹划几项大工程。就在这年秋天，汴京城里爆出一桩公款吃喝事件，"震动都邑"，举国议论。一顿饭怎么会弄出这么大动静？

第一，参加饭局的干部很有名气，人们喜欢围观。第二，饭局组织者对处理结果非常抵触，情绪很不稳定，最终被气死了。第三，在《宋史》上和历代文人笔下，当事人很可怜，差不多是个悲剧英雄。事实到底如何呢？

宴会很奢华

饭局的组织者叫苏舜钦，是当时才气冲天的明日之星。他的工作单位是进奏院，相当于各地联合驻京办，但有两点与现代驻京办不同：一是负责搜集中央最新政情动态、抄录中央各机关文件，编印成报纸分送地方领导参阅；二是为加强管理，一把手由中央政府派人担任，经费由中央财政解决。唐代进奏院靠地方出资出人，发生过乱报皇家机密、贿赂和暗杀中央干部等案件，所以赵匡胤做了这样的改革。范仲淹安排苏舜钦“提举进奏院”，就是驻京办主任，以培养他独当一面的能力。

秋季祭神本是个热闹日子，按例各单位都要组织职工会餐和文娱活动。有人建议了：年年在食堂搞，大家都烦了，能否出去吃？苏舜钦从善如流，说既然出去搞，就要吃好玩好。

当时汴京城餐饮娱乐业十分发达，但高消费的钱从何来？苏主任有办法：靠山吃山。把成堆的草稿纸、旧信封、没发出去的报纸、有印刷错误的废报，甚至崭新的文具和邮袋，统统拉到收购站，小金库瞬间建成。苏舜钦很有领导范儿，自己还掏了点钱。

有钱就是任性。活动在一家顶级酒楼隆重举行，大家放得很开，玩得很高兴。请了文艺工作者唱歌弹琴、陪酒伴舞。有人借着酒劲作起了打油诗，把孔子、周公和皇上挨个戏谑了一遍。到了深夜，多数人睡的睡、醉的醉，苏主任精神正好，叫办事员先撤，然后叫来了几个官妓……

就在他们津津回味的时候，御史中丞王拱辰拿着宋仁宗的手谕，把这帮好汉请到了规定地点。十多名参加者统统受到惩罚，包括宋诗第一人梅尧臣；苏舜钦处分最重，被开除公职，而且“永不叙用”。这就是史上著名的“进奏院狱”。

本来这件事就这样过去了，没想到苏舜钦不答应。

苏舜钦很生气

苏舜钦坚决认为自己是冤大头，至死不服气，将剩余的人生统统交给了这件事。

先是托关系。苏舜钦不是一般人，后台硬得很。他可有个好朋友欧阳修啊，办案组长王拱辰正是欧阳修的老同学。欧阳修知本分，两手一摊：超出职责范围的事，我怎么开口呢？庆历新政进展不利，自己也快下岗了。苏舜钦只好硬着头皮去求老岳父，当朝首相杜衍！老杜正后悔把闺女嫁错了人，差点儿动手。

接着是找借口。苏舜钦此时最恨的是一个叫李定的人，这人是太子办公室的小干部、梅尧臣的外甥，听舅舅说各机关单位的能人都在，很想混个脸熟。他兴冲冲地跑到酒楼，提出自费参加。苏舜钦可能酒喝多了，说了一句伤人的话：你层次不够。李定下不来台，扭头就去了御史台。后来苏舜钦逢人便说，李定对我有意见，故意找茬害我。

苏舜钦最终琢磨出一个政治和道义理由，拨动了欧阳修等人的心弦。他指控，王拱辰是前首相吕夷简的人，给我抹黑只是手段，实际是要打倒改革派杜衍和范仲淹，帮老吕重新上台。这些“小人”肯定要害我们这等“君子”的。苏舜钦故意忽略了一个事实：王拱辰曾大力推荐过苏舜钦本人，自己出事对他有什么好处？

再就是发牢骚。苏舜钦写信向欧阳修诉苦：中央和地方机关祭神节活动经费都是这样来的，进奏院怎么就不行？何况我还自掏了腰包。前任们谁不是这样干的？到我为什么就是问题？要处理一块处理！

他甚至对恩师表示不满，说：去年滕子京同样是公款吃喝，只受到轻处分，领导照当、岳阳楼照修，不就是你老范说的话吗？把我一撸到底，眼里还有我老丈人吗？

最后，只有自我安慰。眼看没指望了，苏舜钦一边卷铺盖，一边跟欧阳修表白：我想通了，何必天天为别人累死累活？以后我要做生意、造园林，想旅游就旅游，不挺好吗？

其实他并没想通。举家迁到苏州之初，他修建了今天的世界文化遗产——沧浪亭，写下了著名的《沧浪亭记》。但很快就不停地给范仲淹、欧阳修、各大机关的哥们儿和有关部门写信，车轱辘话说了80遍，鸣冤叫屈，强烈要求平反昭雪。他无心观赏亲手打造的美丽花园，抱着酒壶度日，害得老婆跟着流泪，家庭气氛同他的身体一样，越来越糟。

好不容易挨到庆历八年（1048），朝廷突然决定起用苏舜钦，任命他当湖州长史，负责办公室工作。官虽不大，却显然是给出路。但他并不领情：朝廷光发了任命书，并没发平反文件，怎么有脸工作？于是，他在这种情绪中离开了人世，才40岁啊！

苏舜钦到底有没有问题

苏舜钦理由一大堆，牛角尖钻到死，单单绕过了事实本身：自己的行为到底有没有问题？

宋代经济发达，喝酒享乐是一种较为普遍的社会风气，政府早就设立了史上少有的喝酒税。当时把酒当水喝的大有人在，杜衍就亲眼看到苏舜钦边看《史记》边畅饮，书没看几页，酒下去一大壶。宋代官员的工资是历代最高的，是汉代的10倍，比清代高好几倍，但公款吃喝仍然难免，有时还很严重，所以苏轼说官场是“酒食地狱”。可见兜里有钱，并不意味着不爱占便宜；制度如果跟不上，高薪未必养廉。

因此，从宋太祖起朝廷建立和完备了公务接待制度，在中国历史上，宋代抓公款吃喝问题最具体、最严格。除了上面提到的3位名人，陆游、张孝祥等人都曾因此被严肃查处过。那么，苏舜钦犯事到底冤不冤？

第一个问题：公费还是自费？宋代有一项财务制度，叫作“公使钱”，即合法的公务接待费。因公出差、办事开会需要公家管饭的，发给“券食”，就是领饭票吃食堂。通过其他途径获得经费都属非法。至于节日期间单位卖公物会餐，属于私卖公物，严重的应该“杖九十”。如果确实是少量废品，朝廷不会上纲上线。进奏院纸张多，顺便又把非废品一块卖了，所以小金库比一般单位“胖”得多，不然不敢那样烧钱。因此说苏舜钦搞公款大吃大喝，并不过分。

第二个问题：公客还是私客？按照“公使钱”相关制度，参加消费的人员规定明确。苏舜钦攀比说大家都这样、本单位过去也这样，但他回避了要害：他组织的是哥们儿的私人聚会，跟职工福利和公务活动八竿子打不着，不然李定凭什么要参加？用公款支付私用叫作“监主自盗”，可判死刑，这是王拱辰最主要的指控，也是这个案件的核心问题。

第三个问题：还干了什么？宋朝法律规定，突破公务接待的具体规定，“用妓乐宴会者，杖八十”；“预妓乐宴会者，各徒二年，不应赴酒食而辄赴，各杖一百”，喝花酒的组织者和参与者一个逃不掉。这场活动吃喝玩乐一条龙齐全，明显违法；打着进奏院的旗号大肆挥霍，损害了国家机关和公务人员形象；组织者预先掏了点钱打掩护，并且不让晚辈参加，说明有主观故意，并且早有预谋。

家有家规，行有行规。官员这个职业意味着要向社会让渡部分私人权利，所以有的事别人能做，官员不能做；柳永能做，苏舜钦不能做。作为一个官员，苏舜钦如能恪守起码的职业底线，怎么可能违法犯罪？

总之，苏舜钦不但违反了职业操守和行政纪律，而且触犯了刑法。

朝廷只给了他行政处分，应该说是宽大得体的；后来又决定重新起用他，可见不是一棍子打死。苏舜钦得了便宜还不满足，拿生命和全家幸福为错误买单，糊涂啊！

假如他是个明白人

苏舜钦的祖父苏易简是宋代第一个状元，当过参知政事；父亲苏耆是前工部郎中；《宋史》还说“舜钦少慷慨有大志”，起先他被内招在县里抓公安，工作很出色，但他突然辞职了，说是不要照顾，要凭本事考。考中了进士，分配到中央机关，早早就被称为宋代的李白，加上年纪轻，前途一片光明。

人非圣贤，孰能无过？过而能改，善莫大焉。犯错误并不反常，不知错才是问题。成功的事业往往是纠错的过程，成功的人无非是知错、认错、改错的人，失败者总是“连失败都有理”。

苏舜钦是典型的失败者性格，破罐子破摔，把问题统统归咎于外因，觉得全世界都欠他的。他也不是成熟智慧的政界人物——假如他真认为有人害他，更应从严约束自己才对，为什么主动授人以柄呢？他不论客观事实，没有对错标准，倾向我的就是“君子”，批评我的就是“小人”。这种非理性、无原则的认识论，是中国传统政治文化中的糟粕，早该抛弃了。

正因为人无完人，所以对待错误的态度至关重要，“过而能改”是一个干部重要的“德”，从这一点可以推断一个人的未来。

明白人应该在哪里跌倒，就在哪里爬起来。遇到挫败感到难堪是人之常情，重新站起来就是一条汉子。梅尧臣当时的心情比苏舜钦更复杂，他写诗骂了那个臭小子，排遣了自己的悔恨，顺利度过了适应期。陆游在四川用公款“燕饮颓放”被撤职，自称“卷地西风满眼愁”，后来却以廉能兼具而多次升迁，将近 80 岁才退休。滕子京被追加过几次处分，一次比一次重，但人家不但重建了岳阳楼，还修筑了岳州防洪大堤，根治了年年祸害百姓的水患，与《岳阳楼记》一起名垂史册。苏舜钦的综合素质不在他们之下，若有海阔天高的胸襟，成就一定不止于沧浪亭和《沧浪亭记》。

刘瑾贪权获磔刑

陈　剑

刘瑾，陕西兴平人，出身平民，6 岁时投奔镇守太监刘顺，由刘顺阉割带入宫，从此便改姓刘了。入宫之初，不过是钟鼓司一名小太监，掌管皇帝出朝的钟鼓及宫中的戏乐。钟鼓司是明代宦官二十四衙门中级别最低者，依内宫制度，太监一入此司“例不得他迁”，所以照理刘瑾本无腾达的机会。刘瑾为人凶残强悍，明孝宗年间与人发生纠纷时将一市民殴打至死，按律当处死刑，后买通刑部主事才改为杖刑一百。在这场大祸中，刘瑾学会了约情敛性，待人温顺谦卑，善于察言观色，阳奉阴违，因而左右逢源，迷惑了不少人。弘治五年（1492）三月，孝宗立独子朱厚照为太子，见刘瑾能说会道，奉事小心，竟派他去东宫服侍太子。

刘瑾意识到此乃天赐良机，于是将全部心计都使到了年方两岁的太子身上，与太子朝夕相处、寸步不离，处处依从、讨好，深得太子的喜爱。因孝宗短寿，太子朱厚照 15 岁便登基当皇帝，是为武宗。刘瑾深切了解少年天子的性格志趣，利用其年少贪玩的心理极力引诱朱厚照寻欢作乐，不是骑射游猎，便是歌舞声色。15 岁少年当了皇帝，对政事自然一窍不通，且毫无兴趣。天不亮就得视朝，听取百官奏事，批阅各种奏章。天天面对一大堆枯燥乏味的卷宗和永远处理不完的公文，少年天子简直苦不堪言；加上还得听御史等言官的上谏，小皇帝更是不胜其烦。上朝如坐针毡，一心盼望刘瑾带他入内庭去嬉戏。这正中刘瑾下怀，他竭力迎合武宗的嗜好，纠集同伙太监，不时进献飞鹰、猎犬、良弓、骏骥，同时使出当年经营钟鼓司的看家本领，广泛搜罗歌舞优伶、杂技百戏，满足皇帝的声色之娱，甚至无视宫中禁律，引诱武宗化装易服，偷偷到宫外游玩。

这一切果然使武宗心花怒放，然而权力也就一步步落入刘瑾手中。武宗改元的第一个月，刘便被提拔为内宫监，总督京城的军队。一上任，刘瑾即以皇帝名义命令担任镇守的太监每人进贡白银万两，又唆使同伙大量掠夺京城附近的民田。设立所谓的“皇庄”，满足皇帝搜刮民财和游猎的需要，仅一月就设立“皇庄”七处，其后渐增至三百处，弄得京畿一带民不聊生，怨声载道。但刘瑾却官运亨通，同年十月再次擢升为司礼监。这是明朝宦官二十四衙门中最高的职位，又是一个高居于政府之上、超越于法律之外的特殊职务，一人之下，万人之上，总理国家军政要务。

然而，刘瑾并未满足，为了独揽大权，他还架空武宗。他紧紧抓住武宗荒淫无度的弱点，大兴土木，为武宗修造专供游玩的太素殿、天鹅房船坞，又建造一座设计别致的多层宫殿，大殿两厢全是密室，勾连栉列，名曰“豹房”，既隔音，又挡光，武宗一入此间便可以不分昼夜纵情淫乐。刘瑾从全国各地及西域挑选绝色女子送入“豹房”，送给武宗。还令礼部从各地选送歌舞优伶进京待召，每天进京伶人数以百计。看到武宗完全沉溺于酒色之中，刘瑾喜不自胜。作为朝廷总管，他故意选择皇帝玩兴最高的时候，捧着一大堆奏章文书前往“豹房”请皇帝裁决。狂欢之中，武宗哪有心思顾及这些政务，自然极不耐烦，有时甚至大光其火。如此数次，刘瑾再也不需上奏皇帝，遇事专断，总揽一切朝政，代替武宗批答奏章，成为事实上的最高统治者。

刘瑾大权在握，与一批太监结成帮派，作威作福，人称“八虎”。在朝中翻云覆雨，排斥异己，残害了大批忠臣良士。仅在对弹劾“八虎”的朝臣进行反攻倒算中，就一次清洗官员上千人。此后各级官吏的陟黜生杀，全凭他的喜好憎恶。他大量网罗党羽，培植亲信，让他们去控制各级要害部门。明代宦官往往同时负有特务的使命，刘瑾掌权后则将特务政治推到登峰造极的地步。此前已有锦衣卫、东厂、西厂三大特务组织，他还嫌不够，又成立了一个由他直接指挥的特务机构——内办事厂，大搞特务专政，擅设酷刑峻法，规定一人犯法，全家治罪，邻里街坊也受株连。于是全国冤案遍地，从朝廷大臣至黎民百姓，人人自危；从中央到地方，到处都有特务在活动，随时可能“人在家中坐，祸从天外来”。在刘瑾专政期间，被厂、卫杀害的官民达数千人。

刘瑾还大兴贿赂之风，卖官鬻爵。正德三年正月，他公然下令地方官赴京朝觐，每个布政司要纳银二万两，否则不许回地方。行贿多的立即可以擢升，如御史刘宇一次向刘瑾馈金万两，顿时升为兵部尚书。而刚直不阿、不肯屈从的官员则惨遭迫害，兵部给事中周钥奉诏巡视淮安，刘瑾向其索贿一次就达一万两白银，周钥无法满足他，只好拔剑自刎。刘瑾对百姓的掠夺更是肆无忌惮，为了扩充庄田，他掠夺土地5000多亩，毁民房近4000间，发掘百姓坟墓2700多座。他以湖广灾荒为名，派遣党徒出理粮饷，大发灾难财，一次就搜刮白银数万两。

多行不义必自毙。

正德五年（1510）初，安化王朱寘镭在宁夏起兵造反，发布檄文，声讨刘瑾。后虽被镇压，但朝廷派去的率兵总督杨一清利用监军太监张永（原为“八虎”之一，后与刘瑾交恶）同刘瑾间的矛盾，鼓动张永在向武宗献俘时告发刘谨谋反。此举终于成功，刘谨这个惯于弄权的老手遭到了权术的无情嘲弄，栽倒在昔日同伙的手中，被连夜捉拿归案。查抄刘瑾的家府共抄出黄金 24 万多锭、元宝 500 多万锭、宝石两斗、金甲两副、金钩 3000、玉带 4000 多束，还搜出私制玉玺一方、衮袍 8 件、蟒衣 470 套、盔甲 3000、弓弩 5000，并查明刘瑾本人上朝时随身暗藏凶器。武宗对此大怒，传令将刘瑾交刑部与锦衣卫会审。审判结束，宣布对刘瑾“凌迟三日，挫尸枭首，画影图形，榜示天下”。恶贯满盈的刘瑾被千刀万剐而死。

其实刘瑾擅权早已有人觉察，在明孝宗弥留之际，就曾嘱咐老臣废除太监提督军营，撤掉掌管京师及担任京城各门值勤监局的宦官系统。但孝宗死得太早，这一英明决定未能付诸实施。而在刘瑾等“八虎”刚刚跋扈得势之时，一批正直老臣即向明武宗弹劾刘瑾，但武宗无法从温柔富贵之乡自拔，错过剿灭良机，终使刘瑾羽翼丰满、专权乱政，忠良蒙难、百姓涂炭，国家遭受巨大损失。孝宗苦心营建的“弘治中兴”伟业在武宗一朝毁灭殆尽。

一个“官二代”犯案后引发的官场地震

吴　钧

所谓“衙内”，就是宋元时人们对“官二代”的称呼。赵仁恕赵衙内，他的父亲赵彦若，是宋哲宗朝的翰林学士兼侍读，属于天子近臣兼教师。而且，赵家跟宰相刘挚又是姻亲，赵彦若次子娶了刘挚女儿，刘挚儿子也娶了赵彦若之女。换言之，赵仁恕是如假包换的衙内。

元祐五年（1090），赵仁恕在京西北路颍昌府阳翟县（今河南禹州）担任知县，“酷虐赃污”，劣迹斑斑。京西北路提刑官钟浚闻知，便向朝廷揭发赵仁恕的罪行。

朝廷立即指示颍昌府成立一个临时法庭——制勘院，立案调查赵仁恕不法情事。赵彦若爱子心切，不避嫌，站出来奏报皇上：臣以前当台谏官时，得罪过前宰相王安石之弟王安礼，钟浚是王安礼的党羽，他这次恐怕是挟私报怨，乞请移送别路审理。

宋哲宗与垂帘听政的高太后采取了一个折中的方法：改组制勘院，委任淮南东路宿州符离县（今安徽宿州）的知县孟易为制勘院法官，前往颍昌府主持推勘赵仁恕案。

但赵仁恕后台硬，一年过去了，仍无法结案。朝廷决定将赵仁恕案移送亳州（今安徽亳州）审理。此时已是盛夏时节，天气炎热，赵仁恕本人与受牵连的三百余人关押在牢里，苦不堪言，赵仁恕妻子庞氏更是在监狱中病危。宰相吕太防与执政的团队商议后，提出了一个建议：将赵仁恕案全部卷宗调回京师，由大理寺约法裁断。

大理寺调阅了卷宗之后，只认可赵仁恕“强雇部民女使”，“自盗官钱”五贯八百五十五文用于雇人搬家等情节，认为其犯罪情节轻微。至于其他严重的贪污不法、滥用私刑致人死亡的控罪，则以证据不足为由，不予采信。

案子一判，整个御史台与谏院立即炸了锅。台谏官上书，奏论朝廷处置失当。台谏官首先是反对停止制勘，反对大理寺约法。按宋朝制度，大理寺审判之时，外人不得干预，但审判结果出来之后，台谏官有权质疑。

左谏议大夫郑雍质问道：如果因盛夏天热就可以停止制狱，那京师与外郡的监狱内，“见禁罪人不可胜数”，是不是都要一并约法断放？

右正言姚勔则从司法程序的角度提出诘难：大理寺这次断罪，未经录问，按大宋律法，凡未经录问即结案，其判决便不足以服人，如此一来，“于国家公道何所取信”？

迫于压力，朝廷只好于元祐六年（1091）六月底下诏，追加对赵仁恕的惩罚，将其押送到陈州（今河南淮阳），监视居住。赵仁恕被限制人身自由，不可出城，并要随时接受地方政府的检查。

台谏官并未因此罢休，认为赵仁恕父亲赵彦若的责任，也需要追究。监察御史虞策说，赵彦若的说法，涉嫌对京西北路提刑官的诬陷。赵彦若显然已经构成妨碍司法公正之罪，“以声势动摇其狱”，致使法官“望风附会，希合权贵”，最后导致“仁恕之罪十脱其九”。

高太后与宋哲宗不得不下诏，罢去赵彦若翰林学士兼侍读的职务，改任一个闲职：提举万寿观。过了一个月，又命人将赵彦若送回山东老家去了。然而，这只是此案引发官场地震的开始。

对赵彦若的罢职，亲家刘挚愤愤不平。然而，此时刘挚也是泥菩萨过河，自身难保了。当年十月，姚勔、虞策、郑雍等台谏官对刘挚发起了连环弹劾，称其亲戚赵仁恕犯法，而刘挚“并不尽公施行”，又言刘挚“备位宰相，徇私坏法，收恩立党”。刘挚受到台谏官弹劾，只好再三提出辞职。十一月，哲宗皇帝免去了刘挚的宰相之职，出知郓州（今山东东平县）。

那些抗议赵仁恕被轻判、弹劾赵彦若干预司法的台谏官，在他们的奏疏中再三强调了一个观点：司法公正。如右正言姚勔说，“臣窃以法者，天下之公共，非一人法也”，因此，决不可为赵彦若一人而“屈天下法”。

宋人的这一司法观念，即便过了一千年，也不过时。

朱元璋反腐最狠的案子：砍头几万人

曾　勋

王朝初始，前朝亡国教训近在眼前，君王为立国威，往往会制定一系列严密措施来约束官吏行为——以明朝为甚，朱元璋治贪是真狠。明初，震惊朝野的贪腐大案接踵而至，以“郭桓案”最为典型。哪怕放在整个封建社会，此案涉贪人数之多、涉案数额之巨、惩处力度之重，也可堪称“前无古人”。是治贪有方，还是越治越贪？要解这个题，不妨从“郭桓案”谈起。

顶风作案，贪了国家一年的财政收入

洪武十七年（1384）五月，户部侍郎郭桓被升迁至户部尚书。古代设六部，户部主管人口资源和国土资源，掌控全国各地的财政大权。从“副部长”转正的郭桓，一举成为国家的财政大臣。

在户部尚书这个肥差职位上，郭桓没有闲着，同年十月，他以巡视的名义来到浙西道，浙西道长官黄文通自然是使出浑身解数“表现”。古代上级来视察，按规矩下级首先要请上级到官署去汇报工作，然后再将上级送回驿站休息。结果郭桓一到浙西，就被黄文通直接请到自己的私宅去了，美色财宝献上，郭桓心领神会。

在浙西道期间，郭桓还与黄文通等人相互勾结，合伙私分了浙西道各州银钞50多万贯，并且通过巧立名目、私自增加税收等方式，大肆侵吞浙西道应上缴给国家的税粮。

郭桓这些人贪欲太大，以致当年浙西道的财政漏洞实在不好掩盖，但各级官员沆瀣一气，利益盘根错节，个个都不干净，只要朱元璋不亲自下来盘点库存、查账本，哪晓得下面的人在搞什么鬼糊弄他？也正因为郭桓这干人太无法无天，可能引发了稍微有点良知的官员的不满，到年底，仅仅当了7个多月户部尚书的郭桓，就因有人告发其品行不端而被朱元璋降为户部侍郎。

郭桓虽然官小了，但当“部长”的几个月建立起人脉圈子，胆子也练大了。此后3个月，他更加肆无忌惮，国家军用粮仓里积蓄3年的粮食被他盗卖一空。他还与全国除京师应天（今江苏南京）以外的其余12个布政司的官吏相互勾结，通过巧立名目、涂改票据等非法手段，共窃取银钞600万张。

贪腐到这等规模，基本全国沦陷，恐怕很难将过错归咎于某个人。事情的败露，是从北平承宣布政使司开始的。洪武十八年（1385）三月，御史余敏、丁廷举突然告发北平承宣布政使司李彧、提刑按察使司赵全德与中央的户部侍郎郭桓，户部官员胡益、王道亨等相互勾结，吞盗官粮，数目巨大。其手段，与郭桓在其他布政使司的勾当并无二致，或涂改票据做假账，或巧立名目胡乱征税。

事发在北平承宣布政使司，是有原因的。当时，河北地区属于“山西移民社会”加“军旅社会”，没有错综复杂的宗族关系和相对牢固的官员利益集团，一有风吹草动，掩盖起来也就没那么容易。

此案一上报，朱元璋气炸了，不禁感叹：“自古以来，贪赃枉法者络绎不绝，但是搞得这么过分的，实在罕见！”朱元璋遂命曾担任过原河南行省右丞的吴庸为专案组组长，誓必拿下这帮“史上巨贪”。经过大力追查，该案迅速向各布政司蔓延，令人意想不到的是，案件蔓延的方向并不指向事发的北平承宣布政使司，而是江浙地区。

除了郭桓外，礼部尚书赵瑁、刑部尚书王惠迪、兵部侍郎王志、工部侍郎麦志德等人纷纷被查出严重的经济问题。如果把郭桓贪污盗窃的金银钱钞全部折成粮食，再加上他与人合伙贪污的税粮700万石，总计高达2400多万石粮食，相当于当时全国征收的秋粮总和。

按照明朝惯例，接下来自然是一通宰杀。除郭桓和吏部尚书余熂等中央高官掉了脑袋外，12个布政司的各级涉案官员以及行贿的富户都被砍了头。再加上一些被贪污的税粮流入民间，在大肆追缴这批粮食的过程中，冤狱遍地，《明史·刑法志》载“死者数万人”。

封建王朝的阳与阴、廉与贪的不尽缠斗

“郭桓案”之前的洪武九年（1376），财政系统爆发“空印案”。当时，各布政使司计吏因离户部道远，为免往返奔走，便预持盖有官印的空白账册，遇有部驳，随时填用。这种先盖章后填报表的行为，为造假账创造了机会。朱元璋大怒，以“杀头数十，充军数百”的代价剔除了行政文案上的“潜规则”。

佃农出身的朱元璋，对贪官污吏深恶痛绝。朱氏反腐手段之烈，也的确为中国历朝历代所鲜见。贪污60银两，除了枭首，还要剥皮制成标本警示后人。洪武朝重典治贪毫不手软，造空账本的负责人也被杀了，为什么还是难免“郭桓案”的发生？黄仁宇在《万历十五年》一书中给出的答案是：以道德代替了法律。

在道德旌旗之下，文官集团形成了具有“双重人格”的群体，明代史学家李贽将其概括为“阳为道德，阴为富贵”。“阴”，指的是贪心和私欲；“阳”则指口头上的仁义道德。庞大的文官机构从表面看，是靠一整套道德体系来维持着，诸如口头上的仁义、爱民、忠君等。但在实际行动中，文官有私人的价值标准，即在“阴阳”中不断斡旋得利。所以，像海瑞那种将“阴”与“阳”分得一清二楚的人，被黄仁宇称为“古怪的模范官僚”。

放到明朝，这种社会特性尤为典型。朱元璋从道德高度出发，认为官员应不计报酬地奉献，这就导致不少明代公务员哭穷。一个正七品的县官，年俸90石米，大约5000多公斤。其中，有40%的米被折算成绢布、棉布等零碎的小东西。要养一大家人，日子紧巴巴的，以至《明史》编纂者都替官员打抱不平，说“自古官俸之薄，未有若此者”。

既然在代表“阳”的皇帝那边讨不了多少好处，官员就加倍在“阴”的这面讨回来。久而久之，社会便形成了皇帝、官僚、平民的三元撕裂社会。

“郭桓案”爆发前，“空印案”“胡惟庸案”先后发生，朱元璋逐渐采取法外施刑的方式，并且设立锦衣卫以加强监控官员，但这些措施并未打通皇帝与官僚的二元对立状态，反而使双方的关系趋于紧张。

欲暴力根除腐败，到最后，却演变为了皇帝的独角戏。一个有力的证据便是，“郭桓案”历时不到4个月，朝野震惊，平民哀号，朱元璋发现“反腐”失控，为维持朝纲，又自己打脸，把钦定的专案组组长吴庸砍了头。

如果反腐败缺乏法治基础和相应的预防腐败机制的建立，最后治标不治本，起不到持续的效果，甚至还会产生反弹。明代中后期“惟贿是举，而人皆以贪墨以奉上司”，官场“礼义沦亡，盗贼竞作，贪婪和无耻之风弥漫”。

当然，“郭桓案”放在当时的背景下，也不乏积极意义——它促成了大写数字的出现。此案之后，朱元璋将记账的汉字“一、二、三、四、五、六、七、八、九、十、百、千”改为“壹、贰、叁、肆、伍、陆、柒、捌、玖、拾、佰、仟”，以杜绝贪官污吏通过篡改数字贪赃枉法。

明朝的监察干部为何集体堕落

陈事美

历朝都有风纪监察部门，明代也不例外。明代不仅有监察部，而且还是人数最多、权力最大的。明代监察干部可以约束皇帝，甚至把皇帝搞得都没脾气。但奇怪的是，明代却成了贪腐最严重的朝代之一。

尤其是明代的中后期，腐败形势更为严峻，朱元璋的“剥皮实草”治贪酷刑早已被人遗忘，强大的监察干部也被拉下水，逐渐蜕变成为“小官巨腐”。朱元璋辛苦设计的反腐监察队伍很快堕落，这种溃烂估计都会把朱元璋从坟墓里气得活过来。

言官的变化

明代的监察干部，可统称为“言官”，由都察院御史和六科给事中组成。言官权力不小，但级别很低，一般都是七品芝麻官。别看官小，却可以参议军国大事，就是连皇帝的圣旨都可以驳回，因此谁也不敢得罪言官。言官还掌握着各级官吏的政绩考核与仕途升降，所以言官也成为官员巴结讨好甚至贿赂的对象。

正如朱元璋的“开明”与明代后期皇帝的昏庸一样，言官伴随皇帝的变化而变化，基本与朝代的衰败周期一致。皇帝由开明到昏庸，言官由清廉到腐败，可谓一脉相承。言官虽有很大的独立性，但毕竟皇权至上，为皇权服务的言官自然无法摆脱皇权的影响。可以说，言官堕落的首要责任也是最大原因，便是皇帝的堕落。背靠大树好乘凉，没有皇帝可依靠，本来就得罪人的言官自然成为被打击、腐蚀的对象。适者生存，言官不堕落都难，否则几乎是死路一条。

先看看明朝初期的言官。此时的言官是一个很有风骨的群体，也是让家人备感自豪、在社会上备受尊崇的职业。此时朝廷对言官的要求也是最苛刻的，如忠君爱国、清正廉明，重惜名节、晓知治体，能言善辩、学识渊博，相貌端庄、年富力强。当然，还要有地方工作经验，不懂国情、民情，没有地方治理经验肯定是没戏的。其中，最重要的一点，就是要有气节，敢得罪人。只会和稀泥的人绝对干不了这个，而且别人也瞧不起你。

言官中的谏官，要敢于对皇帝说不，当时这叫“批龙鳞”。御史周观政就很善于观政，一日，他正在奉天门值守，忽见太监带一个乐女进宫。周观政立即阻止。太监说，这是皇帝命令。周观政说，那不行，我得找皇上亲自问问。太监一人悻悻进宫。稍后，朱元璋出来向周观政解释，对周的行为表示点赞。

后边的皇帝越来越没出息，给皇帝提意见自然就会大打折扣。淫乱的明武宗弄得朝廷上下乌烟瘴气，给事中周玺劝告说：“陛下自即位以来，鹰犬之好，酒色游览，一天比一天厉害，长此以往必将损身害国。”武宗对谏官的忠告置之不理，而且变本加厉。正德十二年（1517），武宗要去张家口来次说走就走的旅行，巡关御史张钦立即阻拦，并下令关闭居庸关，禁止皇帝出游。谁知，武宗也有招数，趁张钦疏忽之际，还是溜出了关。

如果只是不听谏官的话，这还算是好的，后来发展到直接将谏官廷杖、下狱。还是那个武宗，在两年后，又想去江南巡游，众言官下跪进谏，极力阻止。武宗大怒，心想我出游不成你们也别想好受，将146人全部打屁股，当场打死11人、下狱39人、发配10人。可以想见，被打言官的哀号如何响彻大殿，以及血肉模糊的尸体会给其他谏官带来何种心理刺激。

最大的转折莫过于嘉靖三年（1524），231名言官跪谏，劝阻世宗为父亲缓上尊号，结果非但没有阻止成功，群臣又遭一顿痛打。当场打死18人，逮捕142人，11人被戍边。权力无法关进笼子，让谏官的心拔凉拔凉的，老伤感了。

从此再无风骨可言

嘉靖一朝后，言官几乎再无风骨可言，官场也随之越发堕落。正如明人陈邦彦所言："今天下自大吏至于百僚，商较有无，公然形之齿颊""获知吏部任命，派到肥缺就额手相庆，发落穷差便形影相吊"。此时的言官大都随波逐流，个别看不清形势的言官，定是死路一条。如吏科给事中魏大中就因多次举报大臣送礼行贿，被魏忠贤逮捕处死。或许很多言官已经心灰意冷，或许是权力膨胀，他们选择了与大家同流合污。迅速蜕变的言官滥用职权、贪赃枉法的例子比比皆是。过去士大夫的羞耻心早被抛到九霄云外。

皇帝与宦官的权力还没有关进笼子里，言官的权力又跑了出来，此时的七品芝麻小官将权势发挥到了极致。御史巡视地方，地方官员下跪迎接，谄媚相迎，接待奢华铺张，以致荒废政事。嘉靖年间，有直隶巡按御史季新芳到治下广平县，因放铳受惊吓，鞭打县令，诬告知府。御史欲逮捕知府，知府不服，双方各调集军队要干仗，幸亏上级干预及时才没捅出篓子。

滥用权力可能还只是个别现象，但大肆行贿索贿从嘉靖后期已是言官的普遍行为。好笑的是，很多御史的腐败都是在巡按地方时被有意无意发现的。有的是让当地知县看不惯，被搜出金银无数；有的是半路丢了行李，查获后发现都是金银珠宝；有的还喜欢写日记，记载自己受贿“不下数万”；有的是“侵匿盐银千余两”。更离奇的是，右佥都御史殷正茂巡按广西，被发现“岁受属吏金万计”，被检举到首辅高拱那里，高拱很轻松就给袒护过去了。他说，贪污多少都没关系，只要能办事就行。

有一组数字非常能说明问题，明代出了125名清官，从嘉靖到崇祯的100多年间，真正清正廉洁的官吏仅有5人；其余120人都出在之前的150年间。不知道这个数据是否包括言官，但由此可以想见言官的贪腐堕落程度。

明代中后期言官集体堕落，无疑是体制性问题，各种权力都没有关进笼子里。首先是皇权，皇帝听话时受约束，不听话时则会惩罚言官。另外，因为皇帝的昏庸而导致宦官专权。宦官专权甚至僭越皇权，必然打击言官，这对言官来说也是致命的。在整个腐败生态链上，言官只是很小的一部分，根本无法出淤泥而不染。何况，后期的言官权力也跑出了笼子，那更是一发不可收。

贪官为清官跑官

刘诚龙

江湖险恶，官场也险恶，在古代莫说官官相护是常态，官官相残也是常态。而且，这样的官官相斗，不但穷凶极恶，而且有时还愚蠢之极，灭了政敌的命，心里固然有胜利的快意，但把自己的美好前途也搭了进去，值得吗？

在古代，就有贪官联合起来，有钱的出钱，有力的出力，大家齐心协力为政敌跑官，把安插在贪官群里的清官送出去。这法子就很有技术含量。

明朝第一清官海瑞，由一个相当于当今的县教育局局长直接升为浙江淳安县县长。原先当的是一条线上的官，要搞肃贪风暴也只能在教育系统内部搞，现在当上了县里一把手，那整个行政系统不都在其掌控之下吗？清官海瑞一上台，大搞反腐，断了其他官员的财路，这也让上上下下均感不爽。

海瑞上任不久，时任中央都御史的鄢懋卿来浙江视察，中央要员不请自来，那不喜煞人了吗？千里迢迢都要上京送礼，现在家门口就可尽“地主之谊”，多好的事，可却被海瑞给搅黄了。

海瑞给鄢懋卿写了一封信，说您“素性简朴，不喜逢迎”，可我听说您所到之处，“各处皆有酒席，每席费银三四百两”，如此名实两乖，到底是您做一套说一套，还是地方官员误解了您的意思呢？鄢懋卿看到这信，一气之下，不从海瑞那里走了。

这下让那些准备了大把银子的地方官员个个气愤，都说海瑞把自己的前途给搅了，海瑞的直接上司严州知府把他臭骂了一顿：你多大的破官，你不升官不发财也就算了，干吗阻碍大家的发财之路！

浙江的官员都恨死了海瑞，可是又找不到海瑞的错处。左思右想，终于有了“新思路”：我们罢不了你的官，我们还升不了你的官么？于是大家都给海瑞唱赞歌，都说海瑞能力超群，清廉无比，政绩突出，这样的人不重用，那可真是国之大失。

如此运作一番，海瑞的政声上达朝廷，朝廷果然把海瑞调出浙江，“另有重用”，调到了江西兴县。

这下“害苦”了兴县官员。海瑞那“臭脾气”依然没改，到任没几天，就向豪强举刀，针对地主隐瞒土地的现象，开始重新丈量土地，核实赋税，大力打击“偷税漏税”，这不要了豪强的命吗？豪强与当地领导开了多次“联席会”，觉得以浙江那办法来对付海瑞最好，于是豪强出钱，官员出力，大家团结起来，为海瑞去跑官，先跑省里，再跑京里。

这一招还真有效，海瑞到兴县任职不到两年，就因“工作出色，政绩突出”，升任为户部主事，每天看看书，签签公文，喝喝茶。反腐败，那已经不是海瑞的事了，海瑞若再搞反腐，那不但是狗咬耗子多管闲事，还是严重违反“职责法”的。就这样，贪官们把海瑞“礼送”出境了。

据说晚清有“三屠”，张之洞谓屠财，曾国藩谓屠人，岑春煊谓屠官。“晚清海瑞”就是岑春煊。

庚子事变，八国联军席卷北京，西太后狼狈逃亡西安，她连发几道符命，叫曾国藩来“勤王”。曾觉得路途遥远，赴京勤王来不及。这时，在甘肃任藩司的岑春煊抓住机遇，带着手下前来保驾，这让慈禧太后感激涕零，从此成为慈禧的心腹，岑春煊随后任陕西巡抚，后又任两广总督。

岑春煊新官上任三把火，第一把火就是搞“廉政风暴”，铁心反腐。他在日记中说：“粤省本多宝之乡，官吏有求，俯拾即是，以故贿赂公行，毫不为异。”可见贪腐在当时当地已是常态。

可是岑春煊一来，就要斩断那些地方官员的财路，谁甘心就戮？岑春煊到广东，打了两只小老虎，一是南海知县裴景福，一是海关书办周荣曜。这两人官不大，能量却大得很，他们与奕劻有着千丝万缕的联系，在他们头上动土就等于是在太岁头上动土，但岑春煊硬是将这两人搞垮了。

兔死狐悲，其他官员吓得要死。当然，强龙难压地头蛇，对付岑春煊可以弹劾，可以买凶暗杀，但是岑春煊正受慈禧恩宠，说坏话，没用，说好话，有用。其位至总督，运用“做掉手法”绝对是下下之策。

于是他们凑钱在香港开研讨会，并悬赏云：“有能使岑屠离开两广者，赏港币百万。”重赏之下，大家都活动开了，都往京城去“上天言好事”，说岑领导这好那好，万般都好，这样的官不升真没天理。恰在这时，云贵出现了匪患，大家觉得这是个极好的进言机会，于是都说岑领导是将军出身，云贵匪患非干练知兵的岑春煊不能胜任，军机大臣奕劻“内举不避仇”，向慈禧推荐岑春煊去建功立业，树不世功勋。国防安全当然比反腐倡廉更重要，所以慈禧就把岑春煊调离了两广。两广官员于是大大舒了一口气，又过起从前的“好日子”。

可见，无论是何种清官，与贪官的斗智斗勇永远不会局限于“财路”。一个人的清廉到底难结束系统性的贪腐。如果不从源头抓起，整肃风纪，而是放纵官官相护，使其成为常态，那清官也只能是“污水之莲”，迟早会被“贪污之流”送走。

状纸中的名片和银票

吴　钧

明清时期的士绅，身上必带着一张名片，也称为“名刺”。那时候的名片为长方形，长约七寸，宽约三寸。士绅登门拜访官员或者其他有身份的人，需要先向门房递上名片，请代为通报。晚清时候，杭州的显贵士绅跟人打官司，也会在状纸中附一张名片，表明自己的身份。

当时杭州城内有一名赵姓士绅，“常与首府（杭州知府）往来”。这一天，赵士绅写了一纸状词，控告他家轿夫“奸拐婢女”，在状纸内夹上名片，送进杭州知府衙门。知府叫杭州知县承审这个案子，并当面叮嘱他：“必须将轿夫重责定罪，方足服绅士之心。”杭州知县知道，只需重责轿夫，给足赵士绅面子，就可以结案了，便将案子交给一个叫作段光清的候补官来审理，交代说：对那轿夫不必客气。

因为是初次查阅案卷，段光清看着夹在状纸内的名片，不明就里，问道：“乡绅名片何以夹入呈内？”杭州知县派签押房的亲信告诉他实情，段光清觉得不可思议。该亲信可能觉得段光清不谙官场的人情世故，提醒他说：“历任太爷都是这样审案的。”

段光清经过审讯，将事情问清楚了。原来赵士绅是被轿夫当众讨要工钱，伤了体面，所以才诬告轿夫奸拐婢女。段光清不想冤屈老实人，便告诉轿夫：我相信你原无奸拐情事，也不责打你，放你回去。轿夫千恩万谢，叩首而去。

赵士绅得知轿夫被无罪释放，立即找杭州知府告状。于是，知府亲自过堂审讯轿夫，当然用了刑，但轿夫坚持说，并无奸拐之事，只是向赵士绅索要工钱而已。知府心里其实也知道是赵士绅“恃势欺压平民”，但碍于赵的情面，最后还是将轿夫责打一顿。至于赵士绅拖欠轿夫的工钱，自然不了了之。而从此之后，凡是状纸内夹有名片的案子，杭州的官府都不再让段光清承审。

这个故事中，我们可以看到地方士绅的势力很大，能够左右长官意志，妨碍司法公正。而在清末的广东，地方上的商人则用另一种方式去影响司法——在状纸内夹带银票。

话说光绪二十四年，岑春煊到广州就任广东布政使（主管民政与财政的副省长），发现粤省商人行贿官员时，并非偷偷行事，而是公然进行，名曰“公礼”。商人与官员打交道，也是以收不收“公礼”来判断对方是否有诚意。岑春煊到任不久，接到一个打官司的米商呈上来的状纸，打开一看，里头夹了一张 40 万两的银票。岑春煊不知道广州有“公礼”这回事，大吃一惊，将银票退还给米商。米商悲伤不已，以为岑大人退回了银票，必定是不愿意替他主持公道了。

原来广州城里有一个姓王的道员，非常贪婪，自恃是两广总督谭钟麟的亲信，后台很硬，对商民的盘剥特别厉害，几乎所有商民都遭他鱼肉，甚至还有人因受不了他的勒索而毙命。但大家“慑其气焰，皆噤不敢言”。直到岑春煊上任，商民听说了他的廉声，才敢来控告。来控告的米商估计豁出去了，所以一出手就给新任布政使送上 40 万两银的“公礼”。谁知岑大人不收礼，不免叫那米商忐忑不安。

虽然米商以为岑大人“无意助己”，但实际上岑春煊还是站在米商一边。经过调查，岑春煊得悉被控告的王道员鱼肉商民的累累劣迹，便要求总督谭钟麟“撤去该员各项要差，严行查办”。王道员是谭总督的人，谭自然不同意查办。两人在办公室互相拍了桌子，最终迫使王道员被撤职查办。

广州米商虽然讨到了公道，但如果他没遇到岑春煊，恐怕银票再厚也打不赢官司。跟杭州的士绅相比，广州商人显然要弱势得多，杭州士绅在状纸里夹张名片就行了，广州商人在状纸中夹银票也未必行。但不管夹什么，与其说士绅或商人可以左右司法，不如说当时的司法缺乏排除干扰、公正审判的机制。

清兵的“第二职业”

张宏杰

曾国藩曾经说，清军是一支没有灵魂的军队。晚清军营的一大怪现状是士兵普遍都有自己的第二职业，或者经商做买卖，或者种地，或者操持什么手艺。对许多绿营兵来说，做小生意或者手艺活儿是他们的主业，而当兵才是“第二职业”。他们的主要时间都用来开店摆摊，或者做木匠、裁缝等，只有轮到自己值班时，才到营里去待上一天。

据鸦片战争期间当过定海县令姚怀祥幕友的王庆庄透露，定海镇的绿营兵，有一半人的真正身份是理发匠、修脚工、仆人等，“额兵逾万，后减至二千余，承平日久，隶兵籍者，半系栉工修脚贱佣，以番银三四十圆，买充行伍，操防巡缉，视为具文”。

绿营兵还有开杂货铺的、开茶馆的、贩鱼的、卖肉的……原本以打仗为职业的军人，怎么会出现“小贩化”“工匠化”呢？

这是清代“薄俸制”惹的祸。清代绿营兵平均每月收入白银一两三钱六分，米三斗。清代绿营还有另一项让人啼笑皆非的规定，就是士兵的主要武器装备甚至军装马匹都要军人自己负担。

清初物价很低，一个绿营士兵的月饷可勉强维持一家生活，但随着清中期后物价渐涨，这点军饷就不够用了。清政府却以“遵守祖制，永不加赋”为名，拒绝对军饷标准进行调整。和士兵一样，绿营军官的收入同样过低。最高武官，年收入尚不足千两。这怎么能满足他们的日常生活费用？何况许多军官的官职是花钱买来的。军官的搜刮对象远不如地方官那样广泛，他们能剥削的，只有属下的兵丁。经过层层盘剥，最后能够落到士兵手里的军饷实在是少得可怜。

当皇粮填不饱肚子时，士兵们别寻生计，也属自然而然。由此才出现在晚清军营中广泛的经商潮。士兵混迹市肆，做小买卖、干手艺活，挣钱糊口。在这种情况下，有些地方的军官干脆主动鼓励士兵个人外出经商，自己侵吞一半兵饷，只把一半兵饷发放给士兵。这样的情形甚至渐渐成为一种半公开的制度。因此，士兵们的主要精力都放到谋生上，对日常操演能躲就躲。营中每逢会操，大都是雇人顶替。

与此同时，由于绿营士兵的武器用品都要自己购买，所以大部分兵士能不买就不买，损坏后能不添补就不添补。再加上拨下来的军马草料从来都不够用，士兵们都不愿认真操练，怕累着战马，如果战马出个三长两短，自己还要承担赔款。因此军中“马皆骨立，鞭策不前。又器械如弓箭刀枪盔甲火器等件，俱钝敝朽坏，至于帐房窝铺雨衣弓箭罩，从未见备”。

这样一支军队，谈什么战斗力呢？

道光三十年（1850）太平军初起之际，朝廷命周天爵署广西巡抚领兵镇压。周天爵在致亲友的信中这样描述清军在太平军前面的表现：出征之际，士兵居然如同徘徊在屠宰场门口的猪羊，说什么也不愿上路，“于是二月初一日出省，带兵一百名，如驻马嵬坡，皆不愿走也；路上募一百名，又如石壕吏，未走先哭”。

两年过去了，太平军这些“乌合之众”没如清廷想象的那样官军一到，立成齑粉，反而越战越强。朝廷开始不断换帅，还特别抽调广州火器专家乌兰泰以副都统身份到前线助战。乌兰泰到了前线，惊讶地发现拨归其麾下的贵州绿营各军竟全无训练，毫无军事常识。咸丰元年五月中坪独鳌山一战，这些贵州兵临敌竟不知挖壕筑垒，面对冲杀过来的太平军，一千官兵不战而溃。

绿营军建制来自嘉庆时期的地方团练。当时面对白莲教起义，骄奢日久的八旗军队被打得落花流水，朝廷只得依靠地方的团练。奈何成为朝廷的正式编制后，绿营军也溃于内部的腐败。将军克扣军饷，士兵毫无武力，朝廷难以依靠。士兵赚钱养家只是表象，军队管理出了问题才是内部溃烂的根源。

令康熙震怒又无奈的科考贪腐案

辛　践

康熙是一个自制力超强的皇帝，尤其是进入知天命之年以后，已经很少有什么事能让他发怒了。然而，就在康熙五十年（1711）深秋的一个夜晚，正在批阅奏章的康熙突然大发雷霆，将手中的茶杯狠狠地摔碎在地上……究竟是什么事让这位一向沉稳的老皇帝动怒呢？

尚书、总督担任钦差会审舞弊案

引起康熙动怒的是两份奏折，一份来自江南巡抚张伯行，奏折里说，本届江南乡试出现重大舞弊案，从副主考到阅卷官集体受贿，江南学子大哗，民愤难平，请求速办贪官，以平息民愤。

古代科举既是为整个政府机关选拔官员，也是笼络人心的手段，所以不容有任何闪失。但正因为它可直接选拔官员，牵涉利益太过重大，所以历届科考“闪失”可谓层出不穷。不过像这次从副主考到阅卷官集体受贿，并引起极大民愤的舞弊案还是比较少见的。

另一份奏折来自康熙最宠信的坐探、苏州织造李煦，奏折中说，愤怒的考生们将考场匾额上的“贡院”改成了“卖完”，将财神庙里的财神像抬到了夫子庙，繁华的江宁城万人空巷，观看考生抬着财神游街。李煦还抄录了一副对联："左丘明双目无珠，赵子龙一身是胆"，意指主考官左必蕃对舞弊视而不见，副主考赵晋胆大妄为，贪赃枉法。

庄严神圣的科考，竟因一群蠹虫而成为全国笑料，康熙的动怒是可想而知的，他立即指派户部尚书张鹏翮、漕运总督赫寿为钦差，奔赴江南，彻查此案。但康熙也许没有想到，即便是尚书、总督级别的钦差，很快也陷入江南复杂的权力斗争的泥潭之中。

两位钦差到岸后，确实雷厉风行。第一次会审就在钦差行辕举行，而且规格很高，两名钦差主审，两江总督噶礼、江苏巡抚张伯行陪审。

会审刚开始很顺利，副主考赵晋当堂供认受贿黄金 300 两，两名阅卷官也承认收受贿赂，让行贿考生中举。既然如此就好办了：革去三人官职，将其收监，只等核实完口供以后，就可以结案了。

不料核实口供时，却出了意外。

督抚互劾致使查案搁浅

行贿的新科举人被带进大堂，张鹏翮当堂测试，对方竟连《三字经》《百家姓》这些最基础的东西都不会背，这种水平别说中举，连秀才也中不了。钦差愤怒地质问：你们到底行贿多少？

吓破了胆的新科举人承认，行贿黄金 15 锭，每锭 20 两。另一名行贿的考生也说是这个数量。仅仅这两名考生就行贿了 600 两黄金！另外 300 两黄金去了哪里？

陪审的张伯行问：你们是否亲自将黄金交给赵副主考的？考生回答：是托前任安徽巡抚的家人李奇代送的。于是，李奇被提审到案。

张鹏翮质问李奇：是否将黄金直接交给考官？李奇小心地承认，是交给赵晋的。

张鹏翮立即追问：赵晋只收了 15 锭，那么剩下的 15 锭是不是被你中饱私囊了？

李奇立即大叫冤枉，打算招认。就在这时，陪审的两江总督噶礼立即高喊：李奇私吞贿金，拉下去大刑伺候！

在两江总督的地盘上，"大刑伺候"意味着什么，张鹏翮自然清楚。他立即制止，并让李奇老实交代。李奇承认将贿银交给了安徽泾县知县陈天立，然后转给噶礼。

噶礼暴跳如雷，喝令差馆重打"诬陷"朝廷大员的李奇。张伯行赶紧起身制止，于是两位陪审的总督、巡抚当庭互劾了起来。噶礼出身满洲正红旗，母亲做过康熙的奶妈，现在又位居两江总督，涉及如此高级别的官员，两名钦差也有些措手不及，只好宣布退堂，停止会审。

当时没有人想到会查到噶礼这种清朝贵族头上。张伯行是理学大家，为官清廉刚直，想到江南民愤难平，他立即上书康熙，认为噶礼涉案确凿，并有当堂杀害嫌疑人灭口的嫌疑，请求康熙解除噶礼官职，以确保查案的正常进行。

噶礼自然不甘心坐以待毙，也立即上奏，列举了张伯行通贼、庇护罪犯等七大罪状，其中第六大罪状竟是庇护著名文字狱——《南山集》案要犯，此罪若是坐实，是要灭门的。

对于噶礼在这个特殊时刻所列举的罪状，康熙自然有疑，而且他对张伯行的品行一向是认可的。张伯行担任福建巡抚时，康熙钦赐给他"廉惠宣猷"的榜额。正因为他政绩卓越，康熙才让其巡抚江苏。不过，康熙心腹坐探李煦的秘折中确也提到过张伯行私刻书籍的事。

于是，康熙下令将张伯行与噶礼免职，一同审查。

噶礼虽然被免职，但他控制的两江依然有人在背后策划活动。不久之后，泾县知县陈天立在狱中自缢；李奇的主子、前安徽巡抚叶九思病死，重要证人的死亡，让案件更加曲折离奇。

清官差点成为“殉葬品”

转眼到了次年六月，康熙已经连下两道圣旨催促，案子已不能再拖下去了。两位钦差得出的判决是：主考官、阅卷官该判的判，该杀的杀；噶礼暗中受贿事属诬告，张伯行应予撤职。

消息传出，江南舆论一片哗然，很多人来到巡抚衙门要见张清官一面，张伯行闭门谢客。自己被罢官事小，贪官巨蠹逍遥法外事大，为此，张伯行冒着被罢官充军的危险，再次上奏：科场舞弊，声名狼藉……噶礼仗势受贿卖官，民愤极大，若不按律严惩，江南民心何托?

为此，康熙再次任命时任户部尚书穆和伦、工部尚书张廷枢为钦差，重审此案。

为一个案子派出两任钦差，这既少见，又会让多方陷入尴尬，尤其是新任钦差。一方面，张鹏翮、赫寿和噶礼三人都位高权重，得罪他们的代价会很大；另一方面，如果不查出一点东西，康熙那里又难以过关。所以，案件本身已变得不再那么重要了，重要的是如何平衡好各方利益。

于是，两位新钦差调查了一圈之后，得出这样的结论：噶礼没有涉案，张伯行弹劾总督应予免职。

张伯行不仅愤怒，而且有些忧心忡忡，他再次上奏：科场舞弊只惩从犯，不惩首恶，难抚江南人心。朝廷王法不治封疆大吏，此风若长，大清朝刑律将名存实亡。

张伯行的奏折让康熙格外重视，对于二任钦差的结论他也不满意，于是直接下旨将案子移交北京，由六部九卿会审。六部九卿也面临与穆和伦、张廷枢同样的难题。最后得出的结论也差不多：督抚互劾，影响巨大，不成体统，应将张伯行与噶礼一起革职。

看到六部九卿会审的结果，康熙愤怒而又有些无奈，对下属玩弄权力、平衡各方的博弈实在看不下去了。也就是说，张伯行这样的清官，不管有没有罪，都要成为案件的“殉葬品”。

保不保张伯行？是维持正义还是平衡朝纲？康熙内心经过搏斗，终于决定亲自干预：主考官左必蕃被处流放，赵晋及涉案阅卷官斩立决，噶礼免职，维持原判。对于张伯行，康熙的结论是：清廉忠正，甚得民心，此番为民请命，披肝沥胆，不顾个人安危……忠贞秉正，即留任原职，日后再行升赏。

至此，历时两年有余，案情一波三折的江南科场贪腐案，终于画上不太圆满的句号。

粮仓为何沦为“场面活”

邓苗苗

都说“民以食为天”，而对于国家来说，保证粮食安全、控制粮食价格，是维护社会稳定的重要手段，重大事件诸如战乱、天灾、疫情之下，如果粮食供应不上，可是会出大问题的。

大瑞还是场面活？

康熙五十六年（1717），被后人戏谑为“奏折狂魔”的直隶总督赵弘燮，又一次上奏说些家长里短，顺便拍皇帝马屁。他提到邻居院子里长出一枝灵芝，是因为当今圣上厚德爱民远超尧舜而现世。然而，康熙帝只是冷淡地回复说，以前帝王们喜好的景星、庆云、芝草之类的东西，他都不认为是祥瑞，“所为瑞者，年谷丰登。民有吃的，就是大瑞”。

仓廪丰富、百姓有粮是大瑞不假，但是粮食生产的季节性，注定了其供应的波动性。为了解决这个长期存在的矛盾，粮食的仓储制度、常平仓的建立应运而生，并早早形成了仓廪系统。

从人们期待粮仓发挥的作用来看，实为有利国计民生的制度。但从古至今，有不少人却不这么认为。唐太宗贞观十一年（637），侍御史马周上疏称："国之兴亡，不由蓄积多少，唯在百姓苦乐。"马周并非无病呻吟，而是对隋朝灭亡的感叹。隋开皇十四年（594）的一场大旱引起了饥荒，百姓苦不堪言。而此时仓库据说是"满溢"，朝廷却不许开仓放粮，对此唐太宗留下了"隋文不怜百姓而惜仓库"的评价。

尽管仓廪系统的关键作用，让统治者们不得不多花些精力在这上面，防止官员们中饱私囊。但长期以来，油水颇多的仓廪系统腐败屡禁不止，花样也层出不穷。到了封建晚期的清朝，包括常平仓在内的仓廪系统的运转已经变得更加腐朽不堪，部分研究这段历史的学者甚至认为它"既不能成为清政府控制乡村的有效工具，又不能在灾荒时期为民众提供救济的保证"，只是"帝国的场面活"罢了。

要说仓廪系统一点用也没有难免失之偏颇，但清朝的仓廪腐败，确实让人心惊，从嘉庆十四年（1809）的一起大案中，便可见一斑。

嘉庆十四年五月二十三日，一封密奏揭开了这桩惊天舞弊案的幕布。虽然奏折中只是提到通州粮库中漕粮白米亏损，有青吏从中谋利，但嘉庆敏锐地察觉到这背后恐怕不是小问题。他接连派出几批大臣前往通州，如接力赛一般对此案进行调查。从五月二十四日到六月二十二日，紧锣密鼓的调查终于结束了，奉旨查案的大臣们得出一个惊人的数字：通州西仓亏短七万三千余石，中仓亏短六万七千余石。而这些数字，与一个叫高添凤的人脱不了干系。

原通州西仓书吏高添凤是这场仓廪舞弊案的核心人物，他在自己役满后，采用让家人轮番接充补缺的方式，将西仓牢牢掌握在自己手中长达十余年。然而面对详尽的调查数据，他只承认自己私吞了三四万石，并称其他亏短只是正常的腐坏损耗。无论他的辩白真假与否，如此大的亏短已足以让嘉庆震怒。在严苛的审讯下，高添凤所使的花样被一一披露出来，这个帝国巨蠹将千百年来仓廪贪腐的手段用到了极致。

手段极致的仓场贪腐

充实粮仓依靠的是强大的漕运系统，以高添凤为首的舞弊团体一开始就从漕运下手，开启了侵吞钱粮的第一步。简单来说，即每当运粮船抵达通州卸粮时，高添凤就会派人向船户索取钱财，否则就对船上的粮食百般挑剔。船户们为了顺利交付，往往也会乖乖交钱。毕竟，若是高添凤对粮食挑三拣四，损失很有可能比那笔贿赂钱多得多。另外，在放米的过程中，高添凤等人也百般钻营。比如，按照户部规定，放米应先放陈米再放新米，利用这一点，高添凤向领米人索要贿赂，新米每石收 200 文至 500 文不等。

除了钱以外，粮食也是高添凤等人的目标。清政府每年都发给宗室大臣米票和俸票，可到通仓领取禄米和俸米。为了节省时间和人力，宗室大臣往往把票卖给米局，再就近购粮，而米局则凭票领米。高添凤指使自己人开了米局，并在西仓米票上做好记号，凡是自己米局的人拿着有记号的米票来领米，则每张票多出米两三升，并通过米局贩卖。而原本规定使用一次即作废的米票，在高添凤等人的运作中，还可以再次被用来领取好米，这种做法被他们称为“走黑档”。到了后来，干脆就直接伪造米票，冒领好米。更为胆大包天的是，高添凤等人还在每年运送至京仓的米中做手脚，“私将白米 1600 石顶数领出，售卖贵价，另用贱价买土米 1600 石，运交京仓……”真是处处挖空心思，处处下手揩油，令人瞠目结舌。

案件水落石出后，嘉庆怒火冲天，不仅将高添凤等人处斩，严肃处理其他涉案人员，同时还开始追究监督仓场的仓场侍郎的责任。毕竟，以高添凤为首的腐败集团一手遮天，盘踞通仓这么多年，竟没有一名仓场侍郎发现或者揭发，就算没有沆瀣一气，也难逃渎职之责。为此，嘉庆下令彻查。最终，自嘉庆三年以来，历任仓场侍郎不是被降级、降职，就是被革职留任。此外，他们还被要求分赔这些亏短的白米。即便是已经去世的官员，也要由其家人代为赔补。

在清朝的吏治中，许多官员亏空并未被重罚，而是要求赔补，只要能按时赔补完，还有可能不被问罪。嘉庆的祖父雍正在位期间，有地方官员赔补亏空时，表示当地百姓愿意代赔。对此，雍正言辞驳斥，砸碎了他们的如意算盘："亏空之官，未必爱民……名为乐捐，其实强派，其为民累不浅。"

嘉庆帝要求历任仓场侍郎分赔亏短白米，可谁又知道，这样的负担是否转嫁到了百姓头上呢？

小小雅致赏瓶　盛满贪廉往事

曾　勋

在野史中有这样的故事：说乾隆皇帝与群臣饮酒作诗，看到鹅毛大雪飘飞，兴致盎然，便出口吟道："一片两片三四片，五片六片七八片，九片十片千万片……"下一句犯难了，不知如何结尾。纪晓岚马上接出一句："飞入芦花皆不见。"乾隆听罢，龙颜大悦，遂令人赏给纪晓岚一支赏瓶。

这个故事有没有发生过无从考证，就连这首诗的作者，目前也尚无定论。不过可以肯定的是，赏瓶这个东西，正儿八经、实打实地在清朝庙堂存在过，而且还扮演着除观赏以外、甄别奸良的政治角色。

雍正帝肃贪反腐，给清官量身制作赏瓶

赏瓶大规模地出现，是在雍正时期，说起来，这跟雍正的反腐有着千丝万缕的联系。

康熙为政宽仁，到其统治后期，贪腐盛行，弊病丛生。雍正继位后，不拘祖宗家法，认识到现实的情况已经非常严重，"人心玩愒已久，百弊丛生"，主张"当宽则宽，当严则严"。

刚一上台，雍正就说：“朕在藩邸四十余年，凡臣下结党怀奸，夤缘请托，欺罔蒙蔽，阳奉阴违，假公济私，面从背非，种种恶劣之习，皆朕所深知灼见。”官场的不正之风，让他下定决心进行整饬。

不久之后，他连续下了13道谕旨，颁布到所有总督、巡抚、布政司等，告诫他们不许贪污，不许受贿，不许克扣；武官不许吃空额，违者严厉治罪。

官员贪腐罪行一旦被核实，贪官自家被抄个底朝天不说，子弟、亲戚家也跑不脱。为了放大惩治贪官的威慑效应，雍正还发明了“观刑”，并使其制度化。

山西亏空案发生之后，山西巡抚诺敏被赐死，雍正帝下令传旨给顺天府和京师各大衙门，让四品以上的官吏，都带着亲戚朋友去看诺敏砍头。“杀贪官给官看”的策略相当有效，再加上“耗羡归公，高薪养廉”，雍正帝时期的吏治放在整个封建社会也算得上佼佼者。

雍正对康熙晚年的积弊进行改革整顿，使吏治澄清、国库充盈、人民负担减轻。官场一扫颓风，风气日益好转，清官涌现。对于清正廉洁的官员，雍正想奖励以立榜样。奖励什么呢？不能太贵重，又要素雅得体，于是，他想到了景德镇的陶瓷。

雍正六年（1728），唐英被皇帝派往江西景德镇，奉命驻景德镇御窑厂署，协助监管景德镇御厂窑务的年希尧“佐理陶务”。唐英受命，烧制一种既美观又有教育警示意义的陶瓷瓶，用于皇家赏赐给清官。

唐英是名副其实的文艺青年，16岁时便进入内务府养心殿工作，一直在康熙左右伺候。他曾陪着康熙三下江南，后在诗文中说“忆昔翠华南幸，曾经三度启从”。41岁时，唐英当上了内务府员外郎，空余时间为皇帝绘制瓷器的样稿。

到景德镇以后，年希尧虽然名义上还是总理陶务的督陶官，但他对御窑厂的管理，仅仅体现在每年春秋两季对御窑厂的巡视，还有就是拨款和烧成后解送至京等事务。雍正帝交代给唐英的任务，从设计到烧制的一切流程，都由唐英负责。正如唐英在奏折中所说，“奉差江西督造瓷器，一切烧造事宜，俱系奴才经营”。

唐英“参古今之式，动以新意，备储巧妙”，设计出来一种观赏性极强的陶瓷艺术珍品。其器型基本相同，撇口，细长颈，肩部装饰凸弦纹，圆腹、圈足，由于这个灵感来自于玉壶春瓶，所以被称为“玉堂春瓶”。

此瓶从上到下，绘画 9 层纹样：海浪、如意、蕉叶、回纹、缠枝莲、如意、缠枝莲、莲瓣及卷草。所用颜料为钴，呈青色。“青”与“清”相通，“莲”与“廉”谐音，“青”“莲”寓意“清廉”——雍正帝的意思很明显，持有此瓶者理应为清正廉洁之标榜，是一种至高无上的荣誉。

标榜清廉的赏瓶，却赠给了大贪官

为什么玉堂春瓶被叫成赏瓶？收藏家马未都在《马未都说收藏》中有这样的说法：当时哪个官当得好，或者皇上看谁顺眼了，就说，哎，赏玉堂春瓶一对。底下的太监就传旨：传旨，赏玉堂春瓶一对。到后来呢，太监当着皇帝这么说，一转身就变成：赏瓶一对。他们偷懒把中间“玉堂春”三字省去了。所以，后来这种专门用来奖掖、赏赉之用的瓶子，就被叫作赏瓶了。

由于每个皇帝的偏好不同，赏瓶在不同的时代也有着不同的细节。乾隆时期的赏瓶做工最为精细；嘉庆时期的赏瓶纹饰延续乾隆时期的纹饰，多以二方连续缠枝莲纹为主，构图较为繁缛，但花的画法则具有本朝的特点；道光时期的赏瓶器形与嘉庆时相近，但颈部较嘉庆器稍粗，在纹饰上留白较多，釉色相对较白；咸丰时期的赏瓶质量相对较次，构图亦较前朝疏朗，纹饰已不见有细碎的花叶；同治时期的赏瓶构图也较疏朗，花朵较为圆润，没有细碎的叶片，线条显得呆板。

总体来说，雍正、乾隆以降，赏瓶的瓷质下降，釉色较薄。这个变化并非偶然，从中可窥见社会政治向心力衰弱，造成手工业的退化。

乾隆五十八年（1793），由于和珅在接待英吉利国使臣时“处事机敏、应对得体、处置周全”，乾隆皇帝在北京紫禁城内的朝会上，传旨赏当朝首辅、军机大臣和珅三眼花翎、银1000两、赏瓶一支。

当太监把这支赏瓶呈到殿上时，众人顿时蒙圈了。满朝文武，谁都见过赏瓶，青花色的，雅淡别致，而赏赐给和珅这支赏瓶却与众不同，是“红上加紫”。原来，这不是普通的赏瓶，而是极难烧制的青花釉里红加西洋胭脂水制作的赏瓶。西洋胭脂水以黄金制成，又称“金红”，只有在皇家御窑独有工艺中才会用到，即使御窑瓷器也极少用这等贵重彩料。

乾清宫的大殿上，只有皇帝知道这支赏瓶的来历：这是唐英送呈御览的新品种，也是唐英任内最后烧制的御品瓷器之一。乾隆一向挑剔，但当这对赏瓶呈现在他眼前时，他喜欢得不得了，一直没舍得拿出来作赏赐之用。后来，一名嫔妃不慎打破了其中一支，而御窑厂也没有能力烧制同类赏瓶，最后就剩下了孤零零的一支，晚年的乾隆帝将其赐给了最宠信的大臣。

数年后，乾隆病死，嘉庆袭位，赐和珅一条白绫，后和珅在狱中自缢而亡。他之前所有的贪污所得充公，当时民间有“和珅跌倒，嘉庆吃饱”的说法。

和珅所居住的恭王府到处是金银财宝，嘉庆帝派人忙了六天六夜，才把和珅积存多年的财物收拾利索，至于那支红紫色赏瓶，没有人在意。民国初年，“清室善后委员会”在清点宫中存物时专门寻找这支赏瓶，都没有发现其踪迹。

贪了的，迟早要吐出来。本来是标榜清廉的赏瓶，却赠给了贪官，历史，总会以自己的方式讽刺此类人与事吧。

杜绝连续落马，古代为何常失效

李天锐

电视剧《李卫当官》中，有这样一个让人印象深刻的情节：四王爷和十三王爷想派李卫担任扬州知府，先派他到刑部担任“典狱”，协助办理“秋决”人犯。李卫到监狱问案，居然看到打算“勾决”的人犯中有三任扬州知府。

在封建社会，有权的地方，就可能滋生腐败。在古代，地方官连续落马的情况不胜枚举。清代康雍乾时期，就多次出现此类现象，如康熙朝多任上海县令落马，乾隆朝三任浙江巡抚王亶望、陈辉祖、福崧先后因贪腐被查。在唐朝，即使是公认政治清明的唐太宗时期，地方官因贪腐连续落马的事件也不鲜见。

没能抵御住诱惑，是这些官员落马的一大原因。唐玄宗时，前后两任南海太守彭果、刘巨鳞坐拥广州这一繁华地，“天高皇帝远”，面对诱惑无法自持，进而贪赃枉法，敛财无数，终至落马。

有的则未能完成上级摊派的任务，或深陷纠纷中。如清初曾有9个上海县令沦为阶下囚，一大原因就是那时江南赋税较重，上海也是重赋县。县内“民贫百役，旱涝臻，狱讼滋纷”，他们都受此牵累获罪入狱。

连续几任地方官员落马，给官场和百姓造成了深重的灾难。东汉中晚期，岭南多贪官，民不聊生，各种反叛、起事甚多，后来，连东汉政府自己的驻屯军也起事，将交趾刺史和合浦太守抓起来。这说明，官场已经腐败到何种地步。在多地几任官员连续落马的乾隆时期，官场结党营私、官官相护，各地财政则普遍出现了严重亏空，大省大亏，小省小亏，其中山东省巨亏200万两之多，福建亏空250万两以上。

在古代，特别是唐、明、清三朝，对主官连续落马非常重视，朝廷采取了一系列措施来应对。首先是严惩贪腐者。乾隆朝三任贪腐浙江巡抚中，王亶望被处决，陈辉祖、福崧赐自尽。其次是为当地选拔名声好、有能力的官员。如电视剧中的李卫一般，让其提前接受警示教育，使其力戒贪腐之祸。再次是支持新任官员大刀阔斧开展工作。

也有力挽狂澜者。卢奂上任南海太守后，面对前两任落马的被动局面，着力整顿吏治。他以身作则，要求同僚不插手贸易活动、不受贿；同时严明法度，无论是谁，只要涉及贪腐，坚决惩处。此举既净化了官场生态，又改善了经贸环境，官吏、豪强都悄然收敛。甚至连奉旨前来广州采办的宫廷宦官也不再敲竹杠索贿，而是按规矩办事。

不过，这些做法也存在严重的局限。首先，封建制度无法有效治理腐败，乾隆皇帝本人便是一边反腐，一边带头搞腐败。其次，廉官能官调走后，腐败官员、豪强势力抬头，不少地方再度陷入腐败，群众再度处于水深火热之中。

大贪官和珅之死

艾　生

清朝乾隆皇帝爱新觉罗·弘历25岁登基，执政60年让位给太子颙琰（即嘉庆皇帝），于嘉庆四年（1799）正月初三逝世。6天后，乾隆的丧事尚未结束，刚刚亲政的嘉庆就突然下诏，将他父亲晚年最为宠信、最为倚重的奸相和珅逮捕下狱，家产封查，一时朝野震惊，举国轰动。这不仅是由于和珅是当朝最有权势的重臣，更由于他是当朝第一大贪官。

伺机发迹

和珅，字致斋，姓钮钴禄氏，满洲正红旗人，乾隆十五年（1750）生于北京。和珅自幼聪明能干，相貌俊秀，深得当时任永定河道台的英廉所垂爱，嫁以孙女。乾隆三十四年（1769）和珅承袭了高祖尼雅哈纳因军功得到的三等轻车都尉世职，享岁俸银160两、米180石，这比当时正二品总督、侍郎岁俸还高，并得以到八旗子弟学校中最好的咸安官学上学。这使得和珅有机会进宫见到皇帝。一天，和珅与众多侍卫随乾隆出宫，起行之际，一时找不到皇帝专用的黄龙伞盖，乾隆很生气，就用《论语》上的一句话发问："是谁之过？"在场的许多人面面相觑，不知如何回答。突然，只听和珅轻声答道：“典守者不得辞其责。”这句话正好是《四书》中对上句话的注解．原话是“岂非典守者之过耶?”此时被和珅变通用来，很是贴切。

和珅的回答使乾隆感到惊讶，又见到他年轻俊雅，举止合度，且是生员出身，大为赞赏。不久，便让和珅总管仪仗队。和珅从此青云直上，飞黄腾达。

和珅升为侍卫后，便能常常随侍在乾隆身边，他凭着自己的聪明机灵，留心观察、揣摩乾隆的脾气、心理，费尽心机曲意逢迎，千方百计讨得皇帝欢心，不仅官越做越大，而且后来和乾隆攀上了儿女亲家。他的儿子被乾隆招为最小的十公主固伦和孝公主的“驸马”。

和珅在20余年间，从一个生员经乾隆一手提拔高升到户部尚书、兵部尚书、议政大臣、大学士，以至主持朝政的宰相，“贵为首辅，爵封上公，子尚公主，凡一切龙褂、紫檀、宝顶、茂典殊荣，靡不崇备。本朝八旗大臣中，罕见其伦”。这固然因为和珅弄权有方、钻营有术；也由于他自幼聪明，揣摩敏悟。据载，有一次顺天府举行乡试，题目照例由皇帝亲自出。和珅通过太监得知乾隆在看《四书》准备命题时有“上按阅时忽微笑，振笔直书”这一细节，沉思一番后便猜到要考《乞醯》这一章，便密告其门生，让他们早做准备。后来考题发下时，果不出他所料。原来这一年是乙酉年，“乞醯”两字中分别包含着“乙酉”两字。可惜的是，和珅虽然聪明，却不用于正道，而是进行了长达20多年的掠夺财富、祸国殃民的罪恶勾当。

论罪赐死

和珅的贪赃枉法，曾被一些正直的大臣揭发，但由于乾隆的庇护一直未被绳之以法。直到乾隆死后，嘉庆才诏示大臣揭发并迅速逮捕和珅下狱，派吏部尚书、体仁阁大学士刘墉，军机大臣、刑部侍郎董诰，会同八王爷永璇等严刑审问。

嘉庆四年（1799）正月十五，嘉庆宣布了和珅20条罪状：“一曰漏泄机密，以册立皇太子为拥戴功；二曰骑马过正大光明殿禁地；三曰舆抬出入大内；四曰娶内廷女为妾；五曰延搁各路军报，欺蔽朝廷；六曰先帝不豫时举措不慎；七曰篡改先帝诏书；八曰三部（户部、吏部、刑部）事务一人专断；九曰隐匿边情；十曰误外藩抚绥之法；十一曰偏用官吏；十二曰任意撤去军机处记名人员；十三曰居室僭侈逾制，皆仿宫殿；十四曰蓟州坟墓有宫殿随道，欲称和陵；十五曰珍珠手串较之大内多至数倍；十六曰有内府所无之宝石；十七曰家内银两衣服等件逾千万；十八曰藏金至三万二千余两；十九曰存款各当铺钱店生息；二十曰家仆虽至贱，私产有二十余万”。

和珅下狱后，其家产被抄，当时查抄的财产共109号，其中已估价的有26号值银2.2亿两，若按梁启超所说全部估价则有8亿两之巨，十倍于朝廷一年的总收入。当时法国国王路易十四的私产亦不过值银200余万两，只是和珅的1/40。这些财产除拿出一部分赏给亲信和大臣外，其余都归嘉庆所有，所以当时朝野流传这样的说法：“和珅跌倒，嘉庆吃饱。”

同年正月十八，嘉庆下诏赐和珅自尽。死前，和珅有《上元夜狱中对月诗》一首：“夜色明如许，嗟余困不伸；百年原是梦，廿载枉劳神。室暗难挨晓，墙高不见春；星辰环冷月，缧绁泣孤臣。对景伤前事，怀才误此身；余生料无几，空负九重仁。”

身居高位却不修操守，弄权营私，为虎作伥，有才而不自持，何以赢得生前身后名？

依权卖书的光景

张　鸣

写了书的人，大抵都想让人看。不打算让人看的也有，比如某些领导，东借西抄弄两本自家署名的著作，只为装点一下门面；还有些学者，凑些文字拼成若干著作，只印两本，一本上报，一本自家留着，专为评职称用。说实在的，这样的人，其实多少有几分羞耻感，自家有病自家知，知道自己弄出来的是什么货色，不好意思去丢人现眼。但是，林子大了什么鸟都有，装门面的书、评职称的书，也有人能设法卖出去——谁不知道钱好呢？

一些学者，明明就是用来评职称的所谓著作，等到职称评上了，学者居然想把书卖出去。于是就着书来开课，上课的学生，不买这本书（专项指定参考书），考试就无论如何不能及格。从老师手里买书还不能打折，老师也不许学生买老生的旧书。一学期一学期的这样卖下来，时间虽说长点，但总可以把出版书的钱收回来。当然，如果该学者有点来头，能到处走穴办班讲课，卖书就无须这样劳神，找个大点的企业，老总一句话，成百上千册的书就销掉了。

至于领导的书，如果他真的想卖的话，当然更容易。有那么点意思，下面的人就给你办了，本系统内就可以消化。只要是正规出版社出的，摊下去，有一本卖一本。有时买家单位甚至连书都不要，说是别发货了，发来了我们还麻烦，你把发票收据准备好，我们给你打钱就是。依权卖书，书肯定能卖出去，权大大卖，权小小卖。

太阳底下没有新鲜事，依权卖书，古人也干过。据清人记载，至少有两个清朝的官员，利用手中的权力强销过自己的著作。一个是祁寯藻，一个是徐松。后者名头不大，但前者可是大大地有名，官拜一品，位极人臣。当日太平军兴起，清朝上下束手无策，到处传败绩，只有湘军还能打几个胜仗。咸丰皇帝一高兴，就要赏给曾国藩湖北巡抚的实职。祁寯藻在旁阴阴地说，曾国藩不过一在籍侍郎，犹匹夫也，一匹夫振臂一呼，应者云集，恐非朝廷之福。结果，活生生把咸丰说得转意了。这使得湘军的发展，受限制了好些年，当然，太平军被打平，也就晚了好些年。此公在北方，由于官做得足够大，即使在民间，也很有名声，闹义和团的时候，有的地方的坛口还供有他的神像。

不过，像祁寯藻这样在国家大事上出馊主意的人，在为自己弄钱上可一点不含糊。他在江苏学政任上，让诸生，也就是众秀才买自己的书。秀才买，渴望做秀才的童生们就更踊跃地买。一省的学政，不仅管着秀才，而且还负责主持童生的进学考试（院试），通过了学政这一关，才能回家做秀才。无独有偶，徐松做湖南学政，也比着来，让秀才们买自己的著作。只是，江苏地方富裕，人乖巧，买几本学政大人的书，没什么大不了，买就是。可是湖南人人称骡子，倔人多。学政卖书的事，被反映上去，都老爷（御史）一纸弹章，徐松的乌纱帽就丢了。其实，徐松还真是个不错的学者，所著边疆史地的著作，是有分量的，尽管卖得有点强人所难，但买来之后，还是可以看看。

写书是个雅事，但写了之后，强人去买，就变成恶事丑事了。说起来，这样卖书挣的钱，比起用其他名目弄钱，还是小数目，但无论古今，只要有人这样做，还是让人觉得恶心。为什么呢？有辱斯文！其实，清朝两个依仗权力卖自己书的人，似乎都不是贪官。祁寯藻的故居我去看过，不过是一片比寻常百姓家稍好一点的平房。祁寯藻自己说过，他们家乡山西寿阳就是有经商的习惯，新妇入门，给十斤棉花，让你自己织布去卖，辗转生利，以后就再不给你买衣服了，全凭自己。妇人织布卖，作为爷们，写书当然也得卖，不卖，不是白写了吗？不过，在那个时代，做依权卖书的买卖，风险还是挺大的。祁寯藻命好，如果当初被人揭发，也许后来就做不了那么大的官了。

腐败导致太平天国早衰早亡

土　土

太平天国是中国最后也是最大的一场农民运动。可是这场咤叱风云的运动从洪秀全率众起事开始，到占领南京建立“天朝”政权，仅仅维持了11年的时间就覆灭了。这引起后人无尽的深思。其中的教训实在太多，而最深刻的教训只有两个字：腐败。

丧失进取心，金殿享荣华

太平天国从建都天京（即南京）之日起，以天王洪秀全为首的领袖人物就丧失了进取心，变得荒淫无道。他从1853年3月进入天京到1864年6月52岁时自杀（一说饥饿病死），11年中从未迈出过天京城门一步，只有一次是坐64人抬的大轿出宫，去看生病的东王杨秀清。其余时间都在他的太阳城金龙殿坐享荣华，其帝王生活的威仪和气派，可见一斑。

据一位对太平天国并无敌意的英国翻译兼代理宁波领事富礼赐在其所著的《天京游记》中记录的天王府的情景，有一次他在王宫前调查时，忽然间声音杂起，鼓声、钹声、锣声与炮声交作，后来才知道是天王进膳的时间。直至膳毕，这些声音才停止。此时“圣门半开，好些软弱可怜的女子或进或出，各提盘碗筷子及其他用品，以侍候御膳用。各种物品大都是金制的”。

天王的后宫，妇女的牢笼

太平天国实行一夫多妻制。在杨秀清答复美国人的一份外事文书中公开承认：“兄弟聘娶妻妾，婚姻天定，多少听天。”天王洪秀全拥有的妻妾则有准确的数字：金田起义后不久是 15 人。一年后至永安，据突围时被俘的天德王洪大泉口供：“洪秀全耽于女色，有 36 个女人。”后来有所减少，到 1864 年，天京沦陷，幼天王洪福镇被俘后的口供中说：“我现年 16 岁，老天王是我父亲。我有 88 个母后，我是第二个赖氏所生，我 9 岁时就给我 4 个妻子。”天王的 88 个后妃已超过了有的帝王的三宫六院七十二嫔妃的人数了。

洪秀全还为他的后妃规定了许多奇怪的戒律，而且都要严格遵行。如禁止女子抬头看他，“起眼看主是逆天，不止半点罪万千。”“看主单准看到肩，最好道理看胸前，一个大胆看眼上，怠慢尔王怠慢天!”（均引自《天父诗》）

在《天父诗》里看不到洪秀全在初创拜上帝教时所倡导的“天下多男子全是兄弟之辈，天下多女子尽是姐妹之群”的平等思想，只有对妇女的绝对权威和压制。

诸王争豪富，国库被挖空

太平军进入天京后，就广为宣扬两句话：“正是万国来朝之候，大兴土木之时。”其实当时根本没有一国来朝，而大兴土木则立即就开始了。

在大兴土木的同时，天京诸王豪贵也上下争奢赛富，竞相大搞华丽排场。如舆马定制，从基层管辖 25 人的“两司马”乘 4 人抬黑轿开始，层层加大。东王杨秀清每次出行要乘 48 人抬的大黄轿，夏日轿下设玻璃注水养金鱼的水轿，每次出行时前后仪仗数里，像赛会一般。而天王洪秀全从不出宫门，宫内有美女牵的金车，宫外常备 64 人抬龙凤黄舆。为了适应豪华的场面，宫内专设典天舆 1000 人、典天马 100 人，还有典天锣、典天乐，等等，奢侈至极。

本朝各官在穿戴装饰上更是华丽奢侈，互相争奇斗艳，一冠袍可抵中等人家之产。而天王洪秀全的金纽扣和八斤重的金冠，更是奢华。除了供天王如此挥霍之外，还有参加争吃、争穿、争排场的朝里朝外文武各级官员 31 万多人，其中大部分都是皇亲国戚和洪秀全起事时的功勋兄弟，此时都是些冗员闲差，坐享荣华，很快就把库中掠夺来的金山银海挖空吸干了。

王爷遍地走，国戚乱朝纲

洪秀全在失去了杨秀清的制约以后，又看中了刚从香港回来的族弟洪仁玕。他一意孤行地维护其家天下的权威，自食其不再封王的誓言，居然把洪仁玕再封为“开朝精忠正军师顶天扶朝纲千王福千岁”。他对朝廷上下文武群臣的抗议置之不理，用“风浪暂腾久自息”的话安慰洪仁玕，满以为人们叫嚷一阵就会自行平息，及至听到下面军心不稳，有人要叛变投敌的情报时，他才慌了。但洪秀全并没有撤销对洪仁玕的任命加封，而是以加封陈玉成为英王来搞平衡，企图以此堵住外姓功臣之口。

可是封了陈玉成却又引起新的连锁反应。在洪仁玕到天京封王的4个多月内，引起了一系列的攀比封王之风。天王的5个儿子，除长子2岁时在金田起义已封为幼主外，现在4个幼子全部封了王，2个驸马也封为王爷，洪秀全的几个封王兄弟的儿子，不管成年与否一律都封王。

这些被封的大大小小“洪家王”成为京城一霸。

由于洪秀全对无功的王兄王弟滥封王，一时间封王之风迅速蔓延开来，几个王兄更是仗势卖官鬻爵，随便滥封。据统计，到太平天国灭亡时，前前后后总共封了2700多个王。

所有受封为王的，不论等级，不分有职无职，一朝受封，立即修王府、选美人、办仪仗，出门时前呼后拥，盈街塞巷。因为当时王爷太多，百姓们迎不胜迎，遂流传出民谣：“王爷遍地走，小民泪直流！”

庆亲王还有哪些劣迹

岳晓东

清末，权倾朝野的奕劻是卖官鬻爵的老手，靠卖官和贪污受贿所得便达万万两，堪称自和珅之后，清朝最大的贪污犯。凡是到奕劻门下求官者，自然要献上大笔银两。如，杨士骧的山东巡抚一职，就出了十万两银子，而袁世凯、徐世昌等人也都是花了重金才买得更大的乌纱帽。

“老庆记公司”卖官鬻爵

在辛丑年，奕劻尚未出任领班军机时，其贪鄙好货，就已人人知晓，时人称庆亲王府邸为“老庆记公司”，专门卖官鬻爵。

1911 年，邮传部尚书一职空缺，奕劻便放出口风，售银 30 万两。盛宣怀提出要买，奕劻知道他身家丰厚，“别人 30 万可以，你就非 60 万两不可”。后来盛宣怀托人说情砍价，才以 30 万买下这顶乌纱，但奕劻要求“须交现金，不收他物”。

据晚清学者许指严《十叶野闻》记载，陈夔龙本是荣禄心腹干将之一。荣禄死后，他通过夫人又与奕劻搭上了关系，仕途一路蹿升，成为直隶总督。“夔龙督直时，每岁必致冰炭敬数万，几去其所入之半，其他缎匹、食物、玩好等不计。”奕劻曾对陈夔龙说：“你也太费心了，以后还须省事为是。”陈夔龙则敬对说：“儿婿区区之忱，尚烦大人过虑，何以自安。以后求大人莫管此等琐事。”许指严说：老庆听后“莞然”，盖默契于心也。

更有甚者，邮传部尚书陈璧在攀上庆亲王之前，只是京师小吏，“颇穷窘”。当时一个金店老板，愿意出资帮助他。但要求：“他日富贵，幸勿相忘可耳。”于是，这个金店老板用重金所得的东珠鼻烟壶以陈璧的名义进献给奕劻。奕劻“笑纳之”，陈璧借此拜在奕劻膝下，自称干儿。他又用金店老板 5 万条金“借机谀媚”，庆王受之。陈璧一跃而升为侍郎，入驻清政府新成立的邮传部。金店老板也因此弃商从政，得到了轻易捞取肥大油水的铁路局长之差。

奕劻不仅卖官敛财，更是以各种名目受贿，他与袁世凯勾结，更是为大清的覆灭埋下了巨大的隐患。1903 年，领班军机荣禄病重，袁世凯计算奕劻将继任，遣杨士琦持银 10 万两相赠。庆王正式履新之后，袁世凯月有月规，节有节规，年有年规，遇庆王及福晋的生日唱戏请客，儿女成婚，皆由袁一手布置，不费王府一分钱。

1908 年，奕劻 70 诞辰，大开祝典，成了官员们攀缘交结的好时机，各地进献者络绎于道，庆王府门前车水马龙，列起了长阵。为了掩人耳目，明里奕劻告诫家人勿收礼物，但暗地里却令属下做四个册籍，将送礼者按众寡厚薄分为 4 级，所得现金 50 万两白银之多，礼物价值更为百万以上！

1911 年，大清帝国即将灭亡之际，奕劻通过受贿索贿聚敛的家产折合白银亿两以上，而当时大清帝国一年的财政收入不过 8000 多万两。奕劻的贪污“名扬海外”，1911 年《泰晤士报》刊发《庆亲王外传》一文，称奕劻："彼之邸第在皇城外之北，北京大小官员，无一不奔走于其门者，盖即中国所云'其门如市'也。"

奕劻贪污，"补偿心理"在作怪

有人这样评价奕劻："以理内政，则内政无不荒，以理外交，则外交无不败……奕劻于皇族中，固断送满清之第一罪人矣。"可以说，奕劻最大的本事就是贪污。

那么，是什么因素使奕劻成为巨贪？答案是强烈的"补偿心理"。

心理学把补偿视为一种心理"移位"，即为克服自己生理上的缺陷或心理上的自卑，而发展自己其他方面的长处、优势，赶上或超过他人的一种心理适应机制。补偿作用可形成一种强有力的成就动机和有效能的力量。补偿作用还可以增进安全感，对提高自尊心以及维护心理健康水平有一定的作用。

奕劻祖父永璘是乾隆最喜爱的十七子，也是嘉庆的同母胞弟，一度皇恩浩荡。但到了咸丰二年，永璘的后代们由于内讧而被内务府收回庆王府。如洛宝善所说：奕劻从小就经历了自己祖父、父亲、伯父、堂兄们荣辱沉浮，万分惕厉，养成了对规矩不僭越一步的庸庸碌碌的外表形象，但他的内心精明得很……可以说，奕劻大肆贪污，也是为了在物质上寻求支配欲与权力欲的满足。

奕劻重获宠信后，仗着自己位高权重，连慈禧都倚赖自己，贪污受贿，肆无忌惮，以补偿自己早年就埋葬在心底的不安全感。《辛丑条约》签订后，慈禧有些心灰意冷，日常政事由奕劻主持。《国乘备闻》中说，"太后尝语人曰'奕劻藉朝廷势，网取金钱，是诚负我。今我夺奕劻位以畀他人，他人遂足信哉'"。此处可以看出，慈禧是知道奕劻贪污受贿的，但朝中无可用之人，诸位亲贵年轻气盛，无执政经验。因此，慈禧也不得不用奕劻。

1904年御史蒋式瑆曾揭发奕劻的贪污：“臣风闻上年十一月，庆亲王奕劻将私产一百二十万送往东交民巷英商汇丰银行收存。奕劻自简任军机大臣以来，细大不捐，门庭如市。是以其父子起居、饮食、车马、衣服异常挥霍，尚能储蓄巨款。”但此后不了了之，奕劻的贪污之心也是愈发膨胀，最终出卖了朝廷，也给自己搞了一身臭名。

可以说奕劻与和珅真有一比。他们都出身显赫却家道败落，也都是在十四五岁发迹，受到朝廷的重用。两人掌权后都极力贪污，虽屡被参劾，却没有动摇他们的地位。和珅贪污所得，是清朝十年财政收入的总和；而奕劻贪污所获，也超过了清朝一年财政收入的总和。

贪污到头一场空

尽管奕劻贪污无数，但到头来全被儿子们挥霍殆尽。据爱新觉罗·溥铨的《我父庆亲王载振事略》记载，载振、载搏、载抡继承了奕劻的巨额遗产，过着不劳而获的寄生生活。

然而，奕劻的儿子们并非擅长理财之人，只是拿老子的钱过活，过着“坐吃山空”的日子。他们既不懂经商，又不会办什么企业，只是靠银行存款利息和变卖遗产过着奢华生活。溥铨记载：我父在津，长期依靠银行存款和利息来维持王府的巨大开支，日伪后期，伪联币贬值，存款一折再折，我们失去了经济收入来源。抗战胜利后，局势不稳，物价飞涨，王府坐吃山空，经济越来越困难，只得不断变卖珍存的古玩珠宝来维持王府的生活和开支。

奕劻想方设法卖官、收受贿赂，到头来，儿子们却坐享其成。可悲的是，钱来得轻松，去得也容易。而奕劻本人被溥仪评价为：“（奕劻）受袁世凯的钱，劝太后让国，大清二百多年的天下，断送在奕劻手里。”奕劻去世后，其家人请求谥号，溥仪本想给奕劻封个“谬”“丑”“幽”“厉”等恶谥。但最终采纳了上书房意见，给了一个“密”字，有“追补前过”之意。在清代亲王谥号中，“密”是最差的一个字，奕劻的贪污加速了清朝的灭亡。在这层意义上，奕劻无疑是辛亥革命的“大功臣”，堪称是革命党在朝廷里最大的“卧底”。

有趣的是，和珅当初之贪，曾受到了奕劻爷爷永璘的无比羡慕，曾向他哥哥永琰（后来的嘉庆）明确提出，希望将来能占有和珅的半个园子。嘉庆在乾隆死后立即收拾了和珅，并将他的大半个园子赏给了永璘。和珅当初贪得无厌，哪知道到头来只是为别人做嫁衣。同样，奕劻若是知道几个儿子如此挥霍自己的受贿所得，当初还会那么贪不释手吗？

贪污只会遗臭百年，贵族之后靠卖官鬻爵大肆敛财既是堕落，也是麻木。权钱的欲望永不会被满足，连“铁帽子王”尚且如此，今人就更应审视自己的贪欲，莫让子子孙孙活在“贪”的阴影下。

晚清震动高层的钱权色交易案

蔡登山　柯基生

光绪三十二年（1906）九月二十日，清廷任载振、徐世昌为查办奉天事件大臣，前往吉林、黑龙江查办案件。原来，东三省地大物博，一向富庶，苛捐杂税甚多，但自从赵尔巽为东三省总督以后，他任用史念祖来整顿税务。而原本的蠹吏贪官，策动了御史张世培奏上一本。其时已决定东三省将改行省，赵尔巽本已内定为第一任总督，如今有此一奏，慈禧太后决定派人去视察。奕劻内举不避亲，主张派儿子载振去查办，因为苛税病商，自与商部有关。不过，载振到底更事不多，还得派一个老成人作为辅佐，军机大臣徐世昌向奕劻自告奋勇，故一同前往东三省。

天津工商界一同卷入集资大“贿赂”

十一月十七日，载振和徐世昌等回到天津。接待钦差，在地方官是件大事，何况与载振又是换帖弟兄，袁世凯觉得于公于私，都必得格外尽心才好，所以指定天津巡警总办段芝贵，专为载振办差。载振刚一到津，袁世凯就在总督衙门设宴为其接风洗尘，殷勤款待。

在声色场所打滚数十年的段芝贵，对载振这个纨绔之辈早就了如指掌，为投其所好，特意安排载振去天仙茶园看杨翠喜的表演。事前段芝贵再三叮嘱杨翠喜要拿出看家本事，把载振伺候好。

杨翠喜一出场便向载振抛个媚眼，载振一见杨翠喜有倾国倾城之貌，顿时如痴如醉，心旌摇曳，意乱情迷，看得停杯不饮，眼都直了，不知不觉抬起手来，击节拍板。

段芝贵见此光景，与在场的盐商王益孙做了个会心的微笑，随即又向贴身听差做了个手势，抬来一箩筐簇新的龙洋。戏一完，载振鼓掌喝彩，段芝贵便大声宣布："振贝子放赏！"杨翠喜起身急赴台下给载振叩头请安谢赏，载振令杨翠喜起身说话。

杨翠喜抬头，美目流盼，正与载振四目相对，只见她轻鬓似云，细眉如月，艳丽而脱俗，真可谓丽质天生，国色天香。段芝贵本就善于察言观色，于是又安排杨翠喜是夜在载振身边侍寝。

载振为杨翠喜所倾倒，他一连几日偕杨翠喜于左右，奈何要回京复命，最后还是和杨翠喜分手，怏怏不乐地离开了天津。

载振情迷于杨翠喜，正中段芝贵下怀，段芝贵的"美人计"又即将上演了，他同时也预感到自己晋升之阶就要搭设起来了。于是他在载振走后，立即约来与杨翠喜私交甚密的盐商王益孙，央求王益孙出面与杨翠喜的领主陈国璧商议，用"倒口袋"的方式赎买杨翠喜。因为当时官府规定，朝廷命官不准私蓄优妓，但以非官方的名义赎买优妓，然后暗地里倒给政府官员则无人追究。此种方式天津民众称之为"倒口袋"。

杨翠喜被赎出后，段芝贵又破费银元五千，为杨翠喜购置珠翠头面和考究的服装。经过精心调教，以为庆亲王奕劻祝七十大寿之机，把杨翠喜秘密送到北京，献给了载振。

袁世凯除了送女人之外，还让段芝贵找了一些工商界大佬，让他们联合出钱，借着庆亲王七十大寿之机，送一大笔金钱当寿礼。

光绪三十三年四月十二日（1907 年 5 月 23 日）上海《新闻报》第三版《段芝贵案始末情形详志》的报道说："赵侍御原奏，由商会总理王竹林汇银十万两，其实不止此数，实有三四十万之多，其中亦非王一人之款，不过皆由王经手代为张罗耳。"由此观之，这简直是天津工商界的一项集资大"贿赂"、一项大的"政治投资"，是非常明显的"政商勾结"。

案发引权斗，唯一商人财色兼得

不久之后，东三省官员的任用名单发布，果然就是完全照袁世凯所拟定的人选任用的。比如段芝贵，他当时才是个官位正四品的天津候补道，一下子官位跳到了从二品的巡抚，这个在清朝完全是有违常理的，除非皇上钦点。一下子舆论哗然。于是，御史就开始弹劾了，奏折都上到了慈禧那里，但慈禧一直很袒护庆亲王，因为这牵涉满汉官员之间的势力平衡。

清代统治者认为，天下是满人打下来的，机要官职当然是满人来当，汉人再有能力，也必须接受满人的领导。所以，清朝皇帝会提拔很多亲王当官，比如最早的恭亲王、庆亲王、醇亲王等，还有后来的礼亲王，而且他们是可以世袭的，就是著名的"八大铁帽子王"。

袁世凯则不一样，没有爱新觉罗家族的血统不说，继任北洋大臣、直隶总督，早就引起了朝廷对他的戒惧，他又提出君主立宪要限制皇权，更引起朝廷大大的不快。这一下东北几乎都成了他的天下，是不可容忍的事情，一批皇亲国戚纷纷想出办法，要把他拉下马来，近代有名的“丁未大参案”就此开始。

一下子要把袁世凯打倒不现实，于是资历平平的段芝贵就成了首选目标，就有了庆亲王奕劻的仇家把案子的根源一直追到段芝贵把杨翠喜送给载振的事情上。参奏的折子经过慈禧太后批示，先将段芝贵的黑龙江巡抚职务撤销，接着就派醇亲王载沣、大学士孙家鼐详细查办。

庆亲王奕劻为了对宝贝儿子施一点惩罚，更为了松懈政敌们的触觉，请求慈禧裁撤了载振农工商部尚书的职务。载振为了一个茶园女伶，惹了一身晦气，受到老王爷的告诫，不敢再沾杨翠喜一丝半点儿，把她送回天津。

最后，袁世凯被迫解职回家养病，庆亲王奕劻虽然被查办，但查办他的醇亲王载沣反而极力为之开脱，帮庆亲王渡过了难关。后来，慈禧太后也没有再深究此事。庆亲王缓过气来后，开始政治报复，那些原来参奏他的人一个个陆续被免职或下放。

整个“丁未大参案”，高层权斗，打得不可开交，可谓都有损伤，只有天津盐商王益孙坐收渔利。他原来一直追杨翠喜，却难如心意，想不到大案一起，载振为免人口舌，连忙把杨翠喜送回天津，交给王益孙，还结结实实地送过去一批丰厚的礼物，希望王益孙为他掩饰一切，出一张假证明，证明杨翠喜一直是王益孙的偏房小妾。

王益孙人财两得，捡了个大便宜。许多文人后来写诗咏叹杨翠喜，一起巨大的政治事件中，一个无辜的女人就这样被历史铭记了：“歌馆淡烟弹粉黛，帝城寒雪罨香尘；谢娘休负闲才思，台阁凄迷飞燕春。”

一件大案的背后，参与者往往已经对此类操作驾轻就熟。段芝贵从正四品一跃成为二品大员，行事毫不避讳，正是因为他摸准了袁世凯的好色，沾到了光，一路吃尽钱权色交易的甜头。但德不配位，必有灾殃，哪怕钱权色交易换来了地位与官职，最后也只能是镜花水月一场空。

庆亲王奕劻：改革者为何贪腐

韩福东

庆亲王奕劻病逝时，《申报》刊发一条署名“一子”的短评，给予奕劻两方面的论定：一则虽不能为清廷回天，但奕劻终究算是有力量之人，他毕竟是新政的倡导者；二则他把遗产的五分之一捐献出来，办八旗慈善事业，乃其“悔悟”之举，其实就是暗指其生前为己谋私捞得巨额资财。换言之，就奕劻本身的政治品性而言，他既是一个改革者，又是一个贪腐者。

就腐败程度而言，奕劻生前身后，并无太大争议。但就奕劻的政绩评定上，论者却存在差异。《泰晤士报》在清廷即将“垮台”之际，专门撰文描述他，将其写得一无是处：“综其一生之事绩，常与祸患相缘，既非有作为之政治家，亦非有气度之爱国者，虽行年已七十有三，而所作为毫无足荣其名者。”

但奕劻逝后，袁世凯却发布大总统令，称其为“清室懿亲，久参大政，耆年硕望”。袁世凯与奕劻曾同为晚清改革派中坚，其对奕劻赞誉有加，或有此中因素。

将历史时段放长，我们会发现一个有趣现象：在奕劻生前，舆论对其政治表现的评价多持负面立场，而后世的研究者则相对持平。譬如《剑桥中国晚清史》中在提及奕劻时，一面说他儿子载振因放荡腐化而声名狼藉，载振被迫辞职的一个理由是为父亲弄到一笔十万两银子的巨额贿赂；另一面，则又肯定奕劻的改革取向，认为荣禄死后，奕劻就成为政府中提倡改革的主将，协助他的同盟者有袁世凯和张之洞等人。1909 年以后，一些改革是由庆亲王和袁世凯联合进行的。

这个评价大体还算公允。清朝的悲剧在于，改良不仅最终没有竞争过革命，某种意义上反而加速了王朝的灭亡。奕劻颇能代表做最后挣扎的那部分皇亲贵胄——革命者视他们为旧势力，保守派则嫌他们过于激进，而一般的社会舆论则对其腐败啧有烦言。他们并没有多高的识见和魄力，改革途中最看重的仍是一己之私，在这一点上，一些媒体对他的指摘大都成立。但最有价值的问题可能是：为什么晚清改革主将却是无人能及的贪官？

晚清时，虽然腐败横行，但传统士大夫的伦理教育仍然存在，起到规约作用。一般思想保守人士，内心深处多有忌惮，其中不少人还信奉诸如佛道所言的因缘果报。而改革者，很大程度上破除了这方面的执念，在东西文化的冲撞中，旧有的价值观已经部分崩解，传统的清廉理念对其约束力降低，而新的信仰尚未诞生。在制度制衡阙如的情境下，当这些改革者面对物质利益诱惑时，其贪腐的可能性比保守者更大。民国初期革命者执政后的贪腐，就可以从这个理论中得到部分解释。

如果清王朝没那么快垮台，奕劻的命运可能会截然不同。随着新变革者崛起，老迈的奕劻可能因个人利益与理念的分殊，而成为阻碍力量。那时，他的贪腐就会给政治对手以反击的口实，其能否善终还得打个问号。